人邮普华
PUHUA BOOK

我
们
一
起
解
决
问
题

出海突围

黄兆华◎著

人民邮电出版社

北京

图书在版编目（CIP）数据

出海突围 / 黄兆华著 . -- 北京 ：人民邮电出版社，
2025. -- ISBN 978-7-115-66670-3

Ⅰ. F279.23

中国国家版本馆 CIP 数据核字第 2025YV7816 号

内 容 提 要

随着国内和国际经济形势的变化，走出去、开拓海外市场，日益成为越来越多中国企业的一项重要战略。

本书作者总结了自己 20 年的海外市场拓展和企业出海咨询经验，首先，介绍了全球重点国别市场的基本情况、政策法规、发展机会等；其次，介绍了国内的汽车、电池、矿业等重点行业的海外发展情况，包括这几个行业拓展得比较好的海外市场区域，代表性企业的具体发展过程等；再次，详细分析了国内近几年兴起的几家具有代表性的专、精、特、新企业的出海实战案例；最后，作者总结了国内企业出海面临的几个共性问题，并提供了解决方案。

本书适合国内新能源、汽车、矿业等行业的企业管理者，相关政府部门的从业者，企业出海方面课题的研究学者、咨询师阅读。

◆ 著　黄兆华

责任编辑　刘 盈

责任印制　彭志环

◆ 人民邮电出版社出版发行　　北京市丰台区成寿寺路 11 号

邮编 100164　　电子邮件 315@ptpress.com.cn

网址 https://www.ptpress.com.cn

北京天宇星印刷厂印刷

◆ 开本：720×960　1/16

印张：14.5　　　　　　　　　2025 年 4 月第 1 版

字数：150 千字　　　　　　　2025 年 8 月北京第 5 次印刷

定　价：69.80 元

读者服务热线：（010）81055656　印装质量热线：（010）81055316

反盗版热线：（010）81055315

导　读

　　《出海突围》是我写作的第三部出海著作。第一部《柳工出海》写作出版于 2017 年年底，第二部《出海·征途》写作出版于 2020 年年初。

　　完成这跨越八年的"出海三部曲"，我恍若目睹了一场波澜壮阔的征程——《柳工出海》聚焦工程机械行业领先企业的全球破壁之旅，《出海·征途》记录中国企业在"一带一路"倡议下的集体行军，此刻《出海突围》试图解构全球价值链重构下的破局之道——中国企业的全球化维度已经发生了历史性蜕变。

　　八年前我在写作《柳工出海》的时候，世界还沉浸在全球化的余韵之中。特朗普即将入主白宫，关税大棒被高高举起但尚未重重落下，"墨西哥边境墙"还只是他的竞选口号，TikTok 刚刚问世，还未掀起数据主权之争。

　　中国制造企业用高性价比敲开世界市场的大门，靠服务网络扎根，努力寻找自己的生存空间。这些如今看来充满"古典气质"的出海细节，构成了《柳工出海》的底层肌理。

五年前出版的《出海·征途》，从全球化战略、组织、人才、跨文化领导力、创新驱动、海外并购、风险管理、供应链管理等多维度构建了中国企业全球化发展的完整体系。

《出海·征途》出版的 2020 年，新冠疫情肆虐，我们亲眼目睹了全球供应链的破碎断裂，大批中国企业逆行出海，悲壮前行。我们也将《出海·征途》的全部稿酬捐献给了奋战在抗击疫情一线的医护人员。

在这本《出海突围》呈现在您面前的 2025 年，出海企业的真正"战场"，已从市场空间的争夺转向规则体系的博弈。爆发于 2022 年早春的俄乌冲突，为这个世界留下了片片瓦砾；特朗普二次当选美国总统，大大加速了全世界的震荡周期；以新能源汽车、锂电池、光伏"新三样"为代表的中国新兴产业，以 DeepSeek、宇树科技为代表的中国科技企业，正在寻求全球突围和生长的力量……

中国企业的全球化突围，终将在穿越逆流的过程中，为世界留下新的航行坐标……

百舸争流

如今，中国企业竞相走向海外市场谋求更大的发展，汇成了一股波涛汹涌、绵延不绝的出海潮。

中国企业积极融入全球化的浪潮之中，它们展现了极为远大的抱负。它们不再满足于仅输出产品和服务，或局限于某个海外市场的发展，而是通过创新的战略布局、技术应用和商业模式，整合全球资源，致力于构建一个全新的全球化企业生态。

不久前，《财富》杂志列出了当前十个最热门的中国企业出海赛道，即汽车与汽车科技、消费电子、新能源、互联网零售与物流、信息技术服务、新制造、泛娱乐、游戏、医药和连锁行业。

赛道一：汽车与汽车科技

中国汽车工业协会的数据显示，2023年中国汽车出口491万辆，超过日本，首次成为全球第一大汽车出口国。

2024年中国汽车出口641万辆，再次同比劲增23%，大大巩固了世界第一汽车出口国的地位。

赛道二：消费电子

中国是全球最大的消费电子市场和生产基地。成熟的供应链优势、成本优势和技术优势带动了一批中国公司深度参与全球消费电子的研发和生产，在无人机、扫地机器人、全景相机、充电宝等细分领域出现了一批颇具全球影响力的新星，并逐步将技术优势转换为品牌优势和市场优势。

赛道三：新能源

在新能源赛道上，中国的头部企业正迈向深度全球化阶段，上下游产业链"组团"是该赛道全球化的最大特征。中国企业正在抛弃单品出口的贸易思维，在技术创新、产品研发、品牌价值、ESG（环境、社会和公司治理）上全面发力，逐步走向全球价值链的中高端。

赛道四：互联网零售与物流

中国电商市场的独特优势在于其完备的供应链体系，以及深谙消费者心理的商业模式。在全球持续高通胀压力的当下，物美价廉的中国电商平台产品迅速击中更多消费者追求平价商品的心理。该赛道以特姆（Temu）在海外市场的狂飙最为引人注目，这个"海外版拼多多"仅用一年时间就上线47个国家和地区，其高举高打的"价格补贴"打法迅速俘获了上亿用户的心，尤其在电商业已经很成熟的美国、日韩市场斩获颇丰。

赛道五：信息技术服务

信息技术服务赛道的最大特色是依托中国庞大的中小企业出海资源，提供更加专业、高性价比的企业服务，尤其在跨境电商建站、跨境支付、智能物联网平台服务上颇具优势。如果说全球化企业是"淘金者"，那么这个赛道的企业正在为淘金者提供好用的"铲子"。

赛道六：新制造

在提质增效和数字化浪潮叠加的前提下，中国制造正迈向高端化、智能化、绿色化、国际化，实现从"世界工厂"到"世界品牌"的跨越。

在新制造赛道，未来新兴企业涉及新技术、新材料、新工艺，涵盖了 LED 显示、涂覆膜、通信模组、磁性材料、车载芯片、风电叶片、安防等产品，具有较高的研发难度和行业进入门槛。

赛道七：泛娱乐

网文、网剧、网游成为中国文化出海的"新三样"，涌现出了一批更具全球视野与创新能力的中国泛娱乐企业。它们依托互联网媒介，通过内容创新、产品创新及服务创新，打破了国界、地域乃至文化的藩篱，除了成熟的欧美市场，中国泛娱乐企业在东南亚、中东、拉美等市场也发展迅猛。

赛道八：游戏

游戏是中国企业全球化的优势赛道，中国企业自研游戏的收入已经连续五年超过千亿元规模。

赛道九：医药、医疗设备、生物科技

医药和医疗器械的全球化路径有所差别：医药的突破口是创新药，主要依赖抗癌、抗病毒、生物疗法等新兴领域的突破，再通过具有国际竞争力的创新药重点产品"以点带面""借船出海"，其重点市场在美国。

医疗器械在中国医疗市场"国产替代"的政策引导下，企业的技术研发能力大幅提升，可以进行医疗器械的微创新，再依靠"高性价比"优势向东南亚、非洲、拉美快速拓展，其重点是新兴市场。

赛道十：连锁行业

新冠疫情过后，当中国游客重新出现在全球各大主要旅游目的地时，以餐饮、潮玩、零售、酒店为代表的中国线下连锁企业，其品牌也在海外加速扩张。

新兴的出海企业具有以下典型特征。

第一，广博的全球化视野、格局、策略，致力于实现管理、人才、产品、服务、资源等关键要素的全球化配置；具有高成长性，在较短的时间内就实现了海外业务规模的快速扩张。

第二，强大的技术创新能力。相对于传统出海巨头"开拓者"的身份，这些新星企业是"颠覆者"，依靠技术创新颠覆行业格局。这在新能源汽车、消费电子、信息技术服务、泛娱乐等赛道表现得尤为明显。

第三，出海企业物种多样，有些企业"生而全球"，从创立之初就意在全球市场，已经成了行业中的"隐形冠军"，在海外市场占据了可观的份额。

有些企业一直深耕国内市场，近年来通过战略升级、模式创新、技术革新和产品优化，在海外市场上取得了显著的突破，实现了海外收入的大幅增长。

在经营手法上，新一代的出海企业也形成了明显的升级与革新：或依托中国强大的产业链优势"组团出海"，实现资源共享、优势互补；或积极探索新兴市场的并购机会，以实现快速扩张；或构建符合当地文化的管理方式，提高本地化运营效率；或重塑企业文化，适应全球化发展的需求；或持续打造品牌影响力，提升全球市场的竞争力；或积极履行社会责任，树立良好的企业形象……他们正不断探索新解法，实现从走出国门到全球经营的关键跨越。

风高浪涌

出海航程中虽有风平浪静和海阔天空，但更多的时候是风雨飘摇和惊涛骇浪，刚刚过去的 2024 年，整个世界真正见识了什么是"百年未有之大变局之加速演进"。

在政治方面，2024 年被称为"全球选举年"，全球大约 70 个国家和地区举行选举，涉及人口超过 40 亿，美国、印度、欧洲议会等国家和组织的选举因为影响巨大而受到广泛关注，很多国家出现政坛大洗牌，"政坛更迭"成为 2024 年的关键词之一。

在 2024 年 11 月举行的美国总统选举中，共和党总统候选人特朗普击败对手，当选美国第 47 任总统，特朗普的新一届总统任期即将开启，这也将给世界带来更大的不确定性。

2024 年，全球军事冲突急剧增加，俄乌冲突持续超过 1 000 天，巴以冲突不断扩大外溢，从苏丹内战到叙利亚局势突变，全球的安全稳定性不断遭到挑战。

也门胡塞武装对经过红海区域的部分美英商船进行攻击，迫使多国货轮避开苏伊士运河，绕行南非好望角，冲击全球供应链。

在经济方面，2024年，全球经济趋于稳定但增长缓慢，经济增速显著低于2020年前的水平。据IMF（国际货币基金组织）估测，2020年至2024年是冷战结束以来全球经济增长最为缓慢的5年。此外，总体稳健的表现掩盖了不同国家和地区之间的差异，如美国经济增长较为强劲，欧元区和日本经济复苏乏力。

全球贸易呈现复苏态势。世界贸易组织（WTO）预计2024年全球货物贸易增长2.7%，走出了2023年的"萎缩泥潭"。全球贸易增长主要由中国、美国、印度三国出口推动，欧洲贸易增长弱于预期，非洲出口量下降。从行业看，新兴行业如绿色能源、人工智能相关产业贸易增长强劲。

经济全球化遭遇强劲逆风，贸易保护主义抬头，地缘政治冲突加剧，深刻改变了国际产业分工格局。2024年以来，全球产业链供应链重构不断深化，呈现出了短链化、本土化、区域化、多元化等发展态势。

为提高供应链的安全性，美国等国家大力推进"近岸外包"，支持企业加大在周边邻国生产布局，缩短供应链距离。《美墨加协定》《区域全面经济伙伴关系协定》等大型自贸协定的实施加强了区域内国家间的产业分工联系，全球产业链供应链的区域化发展态势更为明显。

产业链重构向上游矿产资源延伸。随着关键矿产和原材料对全球能源转型及战略性新兴产业的重要性日益凸显，各国加大了对关键矿产开发利用的投入，通过建设本土化供应链、强化与资源富集国合作等方式，建立多元化的矿产供应链。

2024年以来，美国牵头成立的"矿产安全伙伴关系"进一步扩容，组建了"矿产安全金融网络"，加大对发展中国家矿产开发项目的投资。欧盟在2024年3月正式通过《关键原材料法案》，规定在2030年前实现关键原材料年度消费量的至少10%源自欧盟内部开采、至少40%在欧盟内部加工。同时，资源富集国也通过提高税费、限制或禁止原矿石出口等手段，延伸本土产业链。

在全球新一轮科技革命和产业变革深入发展、国际地缘政治形势更为纷繁复杂的大背景下，全球产业链供应链重构的进程将按下"加速键"。

在科技方面，全球创新版图受到科技革命、大国竞争等多方面因素的影响，科学研究越来越呈现出"拥挤的高端"的局面。在突破发生之前，前沿技术领域相对比较明朗，世界主要国家对战略必争领域的竞争基本趋同。国际科技与产业合作水平明显降低，全球陷入"存量博弈"局面，"逆向竞争"风险不断加剧。

在这种形势下，未来全球科技创新版图将持续进行深度重构。

在创新中心分布上，全球创新版图呈现出"北美—欧洲—亚太"

三极并立局面。亚太地区形成了不容小觑的上升力量，而且中国的贡献越来越明显。2024年9月26日，世界知识产权组织发布的《2024年全球创新指数（GII）报告》显示，在全球十大科技创新集群榜上有7个在亚洲，3个在美国；中国在全球的创新力排名较2023年上升1位至第11位，是10年来创新力上升最快的经济体之一。

在科技竞争合作格局上，全球创新版图或面临"低端合作、高端割裂"的局面。在低端技术和成熟技术领域，为了满足经济利益的需求，国家之间愿意开展一些合作，维持基本的经济增长；而在高端领域，相关国家尤其是部分发达国家缺乏安全感，宁愿在"效率"上做出牺牲，也要打击竞争对手。近年来我们可以明显看到，高端科技领域的竞争越来越呈现割裂局势，而且这种局势在未来一段时期将难以改变。

在社会文化方面，全球也面临着多元的交融与碰撞。不同的文化背景、价值观念和生活方式在相互交流中既带来了新的活力，也产生了深刻的冲突。这种文化碰撞不仅体现在国际的交流与合作中，也深刻影响着每个个体的思维方式和行为习惯。

在全球化的大背景下，文化交流与融合的步伐日益加快。全球文化产业呈现出蓬勃发展的态势，电影、音乐、文学等文化产品在全球范围内得以广泛传播。此外，跨文化的合作与创新已成为文化发展的新动力，不同文化背景的艺术家和创作者们相互学习、共同创作，推出了众多富有创意且具有多元文化特色的作品，进一步丰富了全球文化的内涵与多样性。

全球政治、经济、科技、社会文化及环境等多个领域均经历了翻天覆地的变革与挑战。这些挑战不仅考验各国的应对策略与智慧，更关乎全球的未来发展及人类的共同命运。

• * * * •

中国企业的全球化征程正在迈入新的阶段。面对世纪变局与多重挑战，我们亟须思考：在全球产业链深度重构的背景下，中国企业的国际化战略将面临怎样的范式转换？当技术封锁成为新常态，中国企业应当构建哪些核心能力来突破"产业围城"？在全球经济贸易格局剧烈震荡的当下，中国企业能否通过创新驱动和生态重构，在逆全球化浪潮中开辟新航道，最终实现从市场开拓者到规则制定者的转型升级？

本书共四章，分别从世界、产业、企业和能力四个视角对中国企业的出海实践进行解析，以全新的角度为中国企业的出海之路点亮一盏灯火。

第一章，世界——四海行迹。2024 年，出海领航团队行程数万千米，实地调研走访了多个重点海外市场。从美国的西海岸到泰国的比亚迪工厂，从俄罗斯的克鲁克斯展览馆到德国图林根的宁德时代工厂，从印度尼西亚的雅万高铁到澳大利亚的珀斯矿山，都留下了出海领航团队的串串足迹。

第二章，产业——大国新质。以新能源行业为代表的新质生产力，从新能源汽车到锂电池，从光伏产业到矿产资源，是中国产业界最具活力的产业赛道，孕育了一批最具全球竞争力的中国企业群体，然而他们正在遭受历史罕见的全球产业环境破碎和动荡。

第三章，企业——单项冠军。数十年来，中国已经培育了一大批单项冠军企业和一众供应链上的优势企业，这是中国最具活力、潜力和竞争力的群体，是中国企业参与全球竞争、占据产业制高点的主力军，正在全球舞台上日益显露锋芒。

专注力、创新力和全球力是企业从中国制造冠军迈向全球冠军的核心密码。通过对这一特定企业群体的深入解读，希望能够帮助更多的"小巨人"和独角兽企业，获取更多养分、汲取更多力量，大步走向海外，成长为全球型企业。

第四章，能力——破卷之道。中国企业的出海潮中有一个令人忧虑的现象，就是内卷式的恶性竞争外溢化。

从 2022 年到 2025 年，出海领航每年都会发布《百家中国制造企业出海调查报告》，认为海外市场"中国企业同质化博弈烈度超越跨国企业竞争"的受访企业占比呈现陡峭上升曲线：基期调研（2022年）该指标为 22%，至第四轮追踪调查（2025 年一季度）已飙升至 62%，激增 40 个百分点。

这种竞争格局的恶化迫使我们进行反思：当"红海厮杀"逐渐侵

蚀产业价值根基，中国企业能否实现从存量博弈到价值创造？如何构建"差异化能力构建—生态位分化—协同进化"的新型竞合关系？除了"内卷"，我们是否还有更优路径可走？中国出海企业如何少一分内耗内卷，多一分向上生长？

谢谢您！也许我们早已通过《柳工出海》和《出海·征途》相互结识；

谢谢您！相信您一定是以某种方式与出海这项饱含辛苦又意义非凡的事业相关联；

谢谢您！让我们翻开此书，一起走进这场艰辛曲折又波澜壮阔的出海突围之旅，见证中国产业力量披荆斩棘走向星辰大海的壮阔历程……

目 录

第一章

世界

——四海行迹

在全球商业版图上，中国企业如晨曦初露，毅然扬帆远航。它们以创新为翼，以坚韧为舵，克服地理、政策、商业、法规、文化等差异，将高品质的产品与卓越的服务播撒至世界的每一个角落。这是一场关于梦想与探索的壮丽征程，中国企业正以全球化的宽广视野，书写着属于自己的海外传奇。

海外目标市场在哪里，中国企业的步伐就迈向哪里。

自 2022 年开始，北京出海领航每年都会发布一次《百家中国制造企业出海调查报告》，对当年及更长远的海外市场经营走势进行预测和判断，对中国企业出海的动因与挑战、成长与不足、组织、人才、品牌、本地化经营等多个层面进行深入的调查和分析，为中国企业的出海之路点亮一盏明灯。

近年来大国博弈愈演愈烈，中国企业出海的目标市场也在发生重大变化和调整。2024 年度的《百家中国制造企业出海调查报告》显示：美国、俄罗斯、印度尼西亚、沙特阿拉伯、德国、墨西哥位于中国制造企业出海目的国的前列。

为什么是这些国家？这些国家有哪些与众不同的特点？中国企业

在这些国家有哪些机会和挑战？前方是一片坦途还是云谲波诡？

带着这样的问题，2024 年，出海领航团队躬身入局，开启了一场全球深度探访调研之旅。

1.1 美国：无限生机与千疮百孔

1.1.1 西雅图：一杯咖啡的传奇之旅

2024 年 1 月，冬日的西雅图，一场细雨如丝般悄然而至，为这座城市披上了一层柔和而神秘的薄纱，犹如大自然最温柔的笔触，在繁华喧嚣之中勾勒出一幅宁静而深邃的画卷。

在著名的派克市场内，海鲜蔬果的斑斓色彩与鲜花的绚丽多姿交相辉映，宛如调色盘上的颜料，为这座市场增添了无尽的生机与活力，编织成一幅热闹非凡的市井图景。

世界上第一家星巴克咖啡馆便坐落于派克市场 1912 号。这是一栋并不起眼的老旧建筑，门外却总是簇拥着世界各地前来打卡的游客，一条长长的队伍从门口蜿蜒而出，直至街尾，蔚为壮观。人们或驻足凝视，或耐心排队，或合影留念，只为品尝那一杯承载着西雅图咖啡灵魂的醇厚滋味，回味星巴克从这里起航的传奇故事。

店面几乎保持了星巴克开业时的原貌：棕色双尾美人鱼木雕图案的标识，诉说着品牌的悠久历史；柜台前标注年份与帆船图案的铜柱，则宛如时光的低语，让人不禁沉醉于那段往昔岁月。星巴克在西雅图这片沃土上生根发芽、茁壮成长，它不仅是一家咖啡店，更是一种美国文化的象征。

星巴克于 1971 年开创了现代连锁现磨咖啡厅的经营模式。历经半个多世纪的发展壮大，它已成为全球领先的专业咖啡烘焙与零售巨头。

1996 年，星巴克踏上了全球化发展的道路。经过数十年的持续扩张，它已在全球构建起了庞大的连锁店体系。从美国的本土市场出发，星巴克逐步将业务延伸至欧洲、亚洲、南美洲等多个地区。截至 2024 年第一季度，星巴克已在全球 85 个国家或地区设立了 38 951 家门店，其中国际市场门店数量达到了 20 886 家，占据了全球门店数量的一半以上。

如今，星巴克在全球连锁咖啡市场中占据了超过 40% 的份额，这一成就绝非源自对咖啡店及其经营模式的简单复制，正如星巴克创始人霍华德·舒尔茨所言："我们不是以咖啡生意服务于人，而是在以人为本地提供优质咖啡和服务。"

星巴克如同一个精致的窗口，让我们得以窥见西雅图这座城市的独特魅力——既闲适自在，又充满创新与活力；既融合了多元文化，又坚守着品质和创新。这座多雨的城市，似乎总是充斥着无尽的热情与欢愉，洋溢着希望的光芒，让人回味无穷。

1.1.2　寒风中的无家可归者

西雅图是拥有世界 500 强企业总部数量最多的城市之一。除了星巴克，波音、微软、亚马逊等多家举世闻名的商业巨头都从这里出发，走向世界。然而，在辉煌繁荣的背后，西雅图还隐藏着另一番风貌。

在西雅图的街心公园和曲折巷陌中，不时可见街头流浪人士。他们身着破败不堪的衣物，眼神空洞无神，与周遭的繁华景象形成了鲜明而突兀的对比。

根据美国住房和城市发展部统计，2022年，全美每天都有约582 462名流浪者在街头徘徊，自2014年起这个数字便逐年攀升，特别是在2017年和2019年，每年激增40%。在这个庞大的数字背后，洛杉矶、旧金山、西雅图和纽约等大城市成了流浪者最为集中的地方。

在西雅图金县，一项沉甸甸的统计数据揭示了当地社会的一道隐痛：约有4万名居民正处于无家可归的艰难境地，这一数字占据了金县总人口的2%。他们中的一半或许还有机会回归正常生活，只是暂时寄居在亲戚或朋友的家中，等待翻身的机会；另一半则彻底沦为了流浪者，他们或以车为家，或在街头巷尾流浪，过着朝不保夕的生活。

这些流浪者中不乏瘾君子和暴力分子，这些人的存在使居民们生活在恐惧之中，让这座城市的安全感大打折扣。

西雅图，这座曾经以美丽和浪漫著称的城市，如今却在各种社会问题的交织下，艰难地寻找着自我救赎之路。

1.1.3 陨落的航空巨头

对于经常乘坐飞机的人来说，波音这个名字一定不陌生。波音公司于 1916 年诞生于西雅图一个朴素的木工工坊中，其一度是美国制造的骄傲，被誉为"美国工业皇冠"，也是全球众多航空公司购买飞机的首选。然而，这位昔日的"航空霸主"如今却背负起了"摔得惨、摔得痛"的名声。

2018 年 10 月，印度尼西亚狮航的 JT610 航班，原定从雅加达飞往邦加槟港，飞机在起飞短短 13 分钟后便与塔台失去联系，随后在印度尼西亚卡拉望地区附近不幸坠毁……

2019 年 3 月，埃塞俄比亚航空的 ET302 航班，原定从亚的斯亚贝巴飞往肯尼亚内罗毕，但飞机在起飞仅仅 6 分钟后便发生了坠毁事故……

不到半年时间发生了两起重大空难，而两架失事飞机均为波音 737 MAX 8 型客机。一时间，波音公司的飞机质量与安全问题被推上了风口浪尖。

之后的几年，波音公司倾注了大量的人力和财力，希望能够重获公众与客户的信赖，但事与愿违，其飞机事故频发状况非但没有得到根本性改善，反而颇有些"变本加厉"的意味。

自 2021 年起，波音客机接连遭遇了多起严重事故，包括内嵌式应急门意外脱落、方向舵踏板卡滞、机身外部面板缺失、引擎突发火灾、空中紧急下降、轮胎脱落及爆炸、冲出跑道及机翼受损等。2024年3月，波音公司在短短11天内连续发生5起事故，这一频率在人类航空史上堪称前所未有。

与此同时，波音公司的军用机也是状况百出，其中最具代表性的事件便是"星际客机"飞船发生故障，导致两名宇航员被困太空。

美国联邦航空管理局针对波音公司的调查结果显示：在审查的波音89项产品中，有33项未能满足标准，共识别出97个潜在的违规行为。其中，由势必锐公司生产的波音737 MAX机身部分，在13次审查中，有7次均未能达标。

随着一系列飞机质量丑闻的不断揭露，波音头顶的"皇冠"摇摇欲坠。除了声誉上的损失，公司销售业绩也在大幅下滑，债务负担日益沉重。数据显示，2023年波音公司的债务总额为523.1亿美元，高达2019年的两倍。波音公司的股价也随之下跌，跌幅高达30%。

祸不单行，2024年9月，波音公司与最大工会——国际机械师和航空工人协会谈判失败，爆发了16年以来的最大规模罢工，导致生产线停滞，这让面临严峻挑战的波音公司更加举步维艰。

空难、停飞、停产……波音公司面临一场重大的经营危机。其实，这一切并非无迹可寻，自创立之初，波音公司便肩负着"引领航空工业，永葆先驱地位"的使命，其核心价值观深植于工程师文化之中，公司始终将质量与安全放在首位，激励创新，相继推出多项里程碑式产品。但伴随着航空领域竞争的不断激化，为追求更大的利润空间和市场份额，波音公司的管理和研发生产流程不断被压缩与简化。

为了与空客竞争，波音公司急于推出 737 MAX 客机，未经充分测试就匆忙下线，导致大量零部件安装错误；同时，为节省成本，飞行员培训潦草，未告知新机型"机动特性增强系统"的相关信息，增加了飞行风险……

更为严重的是，为节省经费，作为监管部门的美国联邦航空管理局长期以来一直将安全检测认证工作外包给波音公司，形成了其"既当运动员又当裁判员"的局面，埋下了巨大的安全隐患。

一直以来，波音公司就是美国制造业实力的晴雨表，如今，波音公司的窘境也在一定程度上映射了美国制造业的窘境。

近年来，华盛顿不断强调和加强"再工业化"，在大幅投资重点领域和基建的同时，试图通过高关税壁垒和限制芯片对华出口政策，为"再工业化"提供保障。

说起来容易做起来难，波音公司的境遇就很好地解释了为什么这种政策是难以持续的。

1.1.4　夹缝中的中国企业

多年以来，美国凭借其庞大的消费市场、卓越的创新环境、全球最大的金融市场及多元化的特质,吸引着全球投资者的目光,其中不乏一些优秀的中国企业。

曾几何时,在硅谷这片创新的热土上,中国科技企业纷纷筑巢引凤,设立高端研发中心;在好莱坞的"影视王国"里,来自中国的投资者频频开展跨国并购,编织出一幕幕"东方资本邂逅西方梦想"的鸿篇巨制;在华尔街的金融殿堂中,中国的金融机构强势布局,积极参与全球资本运作……

这些中国企业涵盖了制造业、高科技产业、金融服务、消费品等多个领域。根据权威统计机构的数据,到 2023 年年底,中国在美国的投资存量已经超过 2 500 亿美元,与十年前相比实现了近 3 倍的增长。

2017 年 5 月,中国科技公司字节跳动旗下社交软件——抖音国际版(TikTok)问世,并很快在全球范围崭露头角。2020 年 TikTok 全球下载量首次超越 Facebook 排到第一。截至 2024 年 8 月,TikTok 的全球月活跃用户数量已经攀升至 15.8 亿。在拥有 3.33 亿人口的美国,TikTok 月活跃用户数量已达到 1.7 亿,渗透率在 50% 以上。

随着国际形势的变化,TikTok 在美国市场中面临越来越严苛的考验。

美国以维护国家安全为由,对 TikTok 投以密切的关注与审视。2019 年,美国正式启动了对 TikTok 的审查程序,这一举动标志着其对 TikTok 监管序幕的拉开。自此以后，在没有找到 TikTok 威胁美国国家安全的证据的前提下，美国一直在持续加大施压力度。

进入 2020 年后，局势愈发紧张，时任美国总统的特朗普多次公开表示要严厉打击 TikTok。然而，随着大选的落幕，特朗普败选，拜登上台执政为 TikTok 的命运带来了新的转折。拜登政府一度撤销了对 TikTok 的禁令，但随后又迅速指示商务部对 TikTok 的安全风险进行深入审查。

2024 年，美国对 TikTok 的打压进一步升级，达到了前所未有的高度。4 月 24 日，拜登总统正式签署《保护美国人免受外国对手控制应用程序法》。该法案明确规定，字节跳动必须在 270 天内剥离 TikTok，并寻找非中国投资者接手。如果未能如期完成剥离，TikTok 将面临在美国下架的命运。

面对美国政府"要么出售要么禁止"的强硬立场，TikTok 只能寄希望于通过法律途径捍卫自身权益，但这对 TikTok 来说无疑是一场重大的艰苦战斗。

面对复杂多变的国际政治经济格局，中国企业的海外征程仿佛一场与地缘政治格局深刻交织、与海外市场需求紧密相连的壮阔史诗。在这场出海征途中，中国企业面对的挑战与风险已悄然升级，它们不仅源自文化差异和"水土不服"的本土化难题，更源于国际政治动态的云谲波诡。

1.2 俄罗斯：战火阴影下的进退与折冲

1.2.1 莫斯科：地火与野草

横跨欧亚大陆的俄罗斯地大物博，矿产资源极为丰富。每年都会在莫斯科举行的俄罗斯国际矿业矿山机械展（Mining World Russia）算得上是矿业领域的一场盛会，吸引了来自世界各地的国际矿业产业链企业和专业人士参加。

2024 年 4 月，出海领航团队的脚步也来到了这里。

俄罗斯国际矿业矿山机械展原计划于 4 月 23 日至 25 日举行。3 月 22 日，距离展馆仅 100 多米的克罗库斯城音乐厅（Crocus City Hall）奏出的不是美妙动人的乐曲，而是一曲震惊世人的悲歌——音乐厅里发生了恐怖袭击事件，造成 145 人死亡、数百人受伤。

此时距俄罗斯国际矿业矿山机械展开幕仅一个月的时间，换言之，如果悲剧晚一个月发生，参展的中国公司代表们就有可能遭受池鱼之殃，后果不堪设想。

面对日益紧张的局势和西方诸国的联手封锁，以及国内时有发生的恐怖袭击，国际社会对俄罗斯的国计民生普遍持悲观态度，认为俄罗斯经济会出现重大危机，甚至全面崩盘。事实果真如此吗？刚刚抵达莫斯科谢列梅捷沃机场，出海领航团队就迫不及待地开始了密切观察。

刚过莫斯科海关，机场里人潮涌动，旅客们人来人往。我们去了当地超市购物，发现超市里商品充足且价格合理，没有明显的商品短缺和囤积居奇现象。晚上 9 点左右，相当于北京三环位置的绕城高速公路上依然车水马龙，一派繁忙景象。

俄罗斯的社会和经济似乎仍然在正常轨道上，如果不是俄罗斯的很多工作岗位普遍缺少男性员工，街上经常能看见征兵广告，莫斯科的景象完全不像国家正处于冲突状态，俄乌冲突似乎距离莫斯科普通民众的生活十分遥远……

国际知名金融咨询公司安联（Allianz）经济贸易研究主管安娜·博阿塔（Ana Boata）在 2024 年 2 月 26 日发布的一份关于俄罗斯战时经济的分析文章称，俄罗斯正是靠着战时经济保持了当前社会的基本稳定。

得益于大幅增加的军事支出，受制裁打击的俄罗斯经济在 2023 年反弹得比预期更为强劲，全年国内生产总值（GDP）为 1.86 万亿美元，世界排名第 11 位。

博阿塔表示，2023 年俄罗斯的军费开支比 2022 年增长了 1.25 倍。仅增加的军费一项，就推动俄罗斯的 GDP 增长了 3.6%。为了维持战时稳定，俄罗斯还为强力部门增加了 2.65 万亿卢布的预算，比 2022 年提升了 1.5 倍，此举推动 GDP 增长了 1.6%，这就是俄罗斯经济不降反增的最大秘密。

同时，欧美的石油制裁部分"失灵"，大量涌入的石油收入有助于减少俄罗斯的预算赤字，成为俄经济复苏的重要支柱。

1.2.2 "巴克"离开了，但"星"还在

俄罗斯曾经长期存在畸形的经济结构，即过度重视重工业而忽视轻工业。结果就是他们制造了世界领先的飞机大炮，就连发射卫星、载人登月也不在话下，但普通百姓的生活水平却没有提升，供给的匮乏难以满足消费者的多样性需求，与发达国家的差距越来越大。

2007 年，源自美国西雅图的星巴克登陆俄罗斯后，很多莫斯科民众最关心的话题不是军事政治和国际局势，而是去星巴克喝一杯咖啡，哪怕为此排上几小时的队。

15 年后，周期的钟摆来到了另一边。2022 年，星巴克已经在俄罗斯开设了 130 家门店，雇用了 2 000 多名员工，并且有继续扩张的计划。但是随着俄乌冲突的持续升级，西方国家纷纷对俄罗斯实施了一系列严厉的经济制裁，不仅重创了俄罗斯经济，也让在俄经营的欧美企业陷入了前所未有的困境。出于多种考量，星巴克决定停止向俄罗斯供货并关闭了当地的所有门店，于 2022 年 5 月 23 日正式退出俄罗斯市场。

星巴克退出俄罗斯市场后，俄罗斯著名餐饮公司 Pinskiy&Co 的创始人安东·平斯基（Anton Pinsky）和说唱歌手提玛蒂（Timati）合

作，以约 5 亿卢布（约合 600 万美元）的价格，收购了星巴克的在俄资产（仅限设备和场地，不包括商标和配方）。

2022 年 8 月，一家名为"星咖啡（Stars Coffee）"的新咖啡店在俄罗斯开业。这家店铺在星巴克原有的品牌形象基础上，将原来的美人鱼标志换成了一个佩戴俄罗斯传统头饰的女孩形象。

开业当天，星咖啡在其官方网站上写道："虽然（星）'巴克'离开了，但'星'（咖啡）还留在俄罗斯。"

由于星巴克掌控了上游原材料和生产基地，星咖啡无法从原有渠道进货，只能寻找新的供应商。但这并不是什么困难的事，他们很快就在俄罗斯本土找到了大部分供应商，唯独需要从拉美和非洲地区进口咖啡豆。在安东·平斯基看来，"我们只是找到了其他供应商，找到了合适的烘焙师，将一切都正确地混合在一起，于是便有了一个具有竞争力的产品。"

和星巴克一样，其他欧美跨国企业也面临同样的挑战。法国雷诺公司以一卢布的价格出售了自己在俄罗斯汽车生产商的股权，麦当劳公司的餐厅也已改名为"就是美味"重新营业。以上这两笔交易协议都包含回购选项，这就意味着一旦冲突结束，这些欧美品牌可以很快回归俄罗斯市场。毕竟，在全球开展经营业务意味着需要穿越经济萧条、衰退甚至战争，这些对跨国企业来说，是全球化经营必须面对的挑战之一。

离开俄罗斯的不仅是美国品牌，那个带有蓝色标志的家具大卖场也不再由瑞典的宜家所有，取而代之的是一个叫做"瑞典之家（Swed House）"的品牌。如果你进入"瑞典之家"，就会发现它与宜家几乎没有什么区别，两者有类似的商品，类似的标签，以及类似的北欧风格的名称。

与此前提到的两家替代企业不同，"瑞典之家"并不是新企业，而是一家成熟的白俄罗斯公司，一直生产和销售简洁风格的家具。这是另一种在俄罗斯消费市场发生的替代趋势，即非制裁国的外国企业迅速填补西方品牌退出后的空缺。

1.2.3　破冰前行的中国力量

20 世纪 90 年代初，当首批中国创业者跨越国境来到俄罗斯这片广袤土地时，面对的不仅是亟待填补的市场空白，更有来自历史观念的严苛审视。在那个物资短缺的特殊时期，"中国制造"虽以价格优势暂解了俄罗斯市场的燃眉之急，却也在俄罗斯消费者心中留下了粗制滥造的刻板印象。面对欧美品牌的强势竞争，中国企业用三十年时间开启了一场品质革命。

从传统纺织到工程机械，从基础日用品到智能终端设备，中国制造业的转型升级在俄罗斯市场留下了清晰的轨迹。有的家电企业在莫斯科设立研发中心，针对极寒天气开发出在零下 40 度仍能正常运行的智能冰箱；有的装备企业在俄罗斯境内设立了上百家售后服务网点，解决了俄罗斯地广人稀、售后服务半径过长的痛点。这种精耕细作的工匠精神，让中国产品逐渐撕掉了"廉价替代品"的标签。

2023 年，俄罗斯全年新车总销量近百万辆。在品牌榜的前十名中，有六个品牌来自中国。这些中国汽车企业品牌总计销售了 46 万多辆汽车，几乎占据了俄罗斯汽车市场的半壁江山。

除此以外，来自中国的智能家电企业、智能手机生产企业、跨境电商以卓越的性能、成熟的模式，大幅扩大了在俄罗斯的市场份额。

一家著名的跨境电商企业凭借其快速响应市场变化和灵活调整供应链的能力，在俄罗斯市场中迅速崛起。该企业利用大数据分析消费者需求，实现个性化推荐和快速上新，吸引了大量年轻消费者的关注。同时，这家企业十分注重本地化运营，与俄罗斯本土的物流公司和支付平台合作，提升了物流效率和消费者的购物体验，成为俄罗斯电商领域的一匹黑马。

看似水到渠成的市场突破，实则是中国企业突破重重壁垒的攻坚历程。

俄乌冲突爆发后，大多数俄罗斯银行被排除在 SWIFT（环球银行金融电信协会）外。开拓俄罗斯市场的中国企业都遇到了对俄业务款项收付难的问题，但只要证明相关业务是针对民用市场的，就可以正常收付款项。随着冲突的加深，收付款难已经成为在俄中国企业最大的风险和困难。很多中国企业不得不采取多种方式收款，有些方式费用还很高。

此外，中国企业还要面对本地产业政策连续变化的挑战。以汽车行业为例，俄罗斯报废税政策连续调整，给中国企业带来了成本上升的压力。俄罗斯针对进口乘用车、商用车、工程机械和农业机械等产品收取的回收税（报废税）由来已久，一方面是为了收取未来车辆或设备淘汰的费用，另一方面是希望扶持俄罗斯国内的相关企业，在俄罗斯运营的制造商将部分或全部补偿国家预算的回收报废收集费用。

自2022年以来，俄罗斯连续调整报废税的覆盖范围和税率，2024年10月1日起，俄罗斯大幅提高了汽车和筑路机械设备的报废税，并每年进行指数化调整，直至2030年。

新法令覆盖了乘用车、轻型商用车、货车、客车、拖车、半挂车。从2024年10月起，车辆的报废税率将根据车型不同提高70%至85%，并且从每年1月开始，税率将按照10%～20%的比例进行调整。由于中国的汽车和工程机械产品在俄罗斯市场占据主导地位，不难看出这些政策针对的目标指向。

在冰天雪地的俄罗斯市场，中国企业没有捷径可走，有的只是持续数十年的深耕与超越。面对未来可能回归的全球竞争者，中国企业的底气不仅源于市场份额，更来自那些在淬炼中获得的硬核竞争力——这是任何短期市场波动都无法撼动的根基。

1.3　印度尼西亚：二十年前的中国

1.3.1　雅万高铁：中国高铁全系列、全要素、全产业链出海第一单

2024 年 8 月，出海领航团队再次抵达印度尼西亚首都雅加达，开始对印度尼西亚市场展开深度调研。

晨光破晓，天际线渐渐清晰，在印度尼西亚雅加达哈利姆站候车大厅，人潮开始缓缓涌动，乘客们排队等候雅万高铁高速动车组列车进站。

雅万高铁全长 142.3 千米，连接印度尼西亚首都雅加达和第四大城市万隆，350 千米的时速将两城通行时间由 3 个多小时缩减至 40 多分钟，有效地缓解了两地通勤交通压力，受到了当地居民的欢迎。

印度尼西亚中国高速铁路有限公司的数据显示，自 2023 年 10 月正式运营通车至 2024 年 7 月，雅万高铁累计发送旅客已突破 400 万人次，班次也从 14 列增至 52 列。尽管如此，乘客数量依然持续增长，展现出火爆的乘车热潮。

作为印度尼西亚乃至东南亚的首条高速铁路，雅万高铁标志着中国制造在技术、标准和全产业链方面的首次出海，也是中国"一带一路"倡议与印度尼西亚"全球海洋支点"构想对接的典范。2024 年 9 月，正值雅万高铁开通运营一周年之际，印度尼西亚驻华大使在公开

场合明确表达了进一步推动两国高铁合作的愿景，展现了双方在基础设施建设领域持续深化伙伴关系的共同意愿。

此举不仅彰显了印度尼西亚对中国高铁技术的高度信赖与赞誉，也用实际行动对那些质疑中国基建能力的声音给予了有力回应。

"要想富，先修路"。雅万高铁的建成有效加强了雅加达和万隆的联系，为当地居民创造了更多的工作机会，成为推动印度尼西亚区域经济发展的强大引擎。

以卡拉旺县为例，这里拥有庞大的工业园区，吸引了众多国际企业纷至沓来，设立据点。高铁的开通极大地提高了人员流动的便捷性，不仅让人们的出行更加高效，也为企业间的合作与交流铺设了快速通道。同时，物流运输的加速使得企业能够迅速响应市场需求，确保订单准时无误地送达，进一步增强了市场竞争力。这一系列的积极效应如同磁石一般，吸引了中国的投资者纷纷前来投资兴业，为卡拉旺县乃至更广泛区域的经济注入了强劲的动力与活力。

其实，在雅万高铁项目启动的初期，中国并非印度尼西亚的唯一选择，彼时日本同样积极投身于竞标之中。中国之所以能够在激烈的竞争中脱颖而出，除了具备强大的技术实力、丰富的建设经验、更低的造价方案，以及在资金方面符合印度尼西亚政府"不占用国家预算和使用国家担保"的要求等条件，全方位服务也是关键因素之一。

中国高铁不仅提供了高质量的列车和轨道设备，而且通过技术转让、人员培训等方式，帮助印度尼西亚提升了本土的高铁建设和运营能力。此外，中国高铁还充分考虑了印度尼西亚的国情和民情，量身定制了符合印度尼西亚需求的建设和运营方案。可以说，雅万高铁的成功，是中国高铁新时代立体出海战略的一次成功实践。

在中国高铁建设者眼中，142.3 千米或许只是其庞大建设史中的一小段，毕竟他们已拥有 4.2 万千米高铁建设的辉煌成就与丰富经验。然而，当这条线路延伸至印度尼西亚，在独有的复杂地质环境、独特的国情与民情及新冠疫情构成的挑战等多重因素交织下，雅万高铁的建设工作充满了未知的风险与棘手的难题。

雅万高铁穿越印度尼西亚有"众神居所"之称的特殊区域，这里是火山地震活跃带，火山密布，火山灰地质易引发涌泥，增加施工风险。由中国电建水电七局施工建设的二号隧道更是遭遇了"世界级难度"……这些仅仅是雅万高铁技术人员在应对地质、地形、水文、气候挑战时遇到的冰山一角。

13 座隧道，56 座桥梁，从 2018 年 6 月全面开工建设到 2023 年 10 月正式投入运营，历经近 2 000 个日日夜夜，中印尼两国的建设者们携手打造了一个震惊世界的"工程奇迹"。

1.3.2　奔赴全新山海

很多人对印度尼西亚的印象完全得益于"巴厘岛"这一著名旅游

胜地。然而，事实真的如此吗？

有着最大"隐形国家"之称的印度尼西亚，不但不"小"，甚至可以用宏大来形容。从国土空间来看，印度尼西亚的国土面积有 190余万平方千米，疆域横跨亚洲及大洋洲，其中包含约 17 508 个岛屿，是全世界最大的群岛国家；从人口数量来看，印度尼西亚在东南亚国家联盟（ASEAN）中独占鳌头，全球排名第四，仅次于中国、印度、美国。国际货币基金组织（IMF）数据显示，2023 年印度尼西亚人口已突破 2.81 亿，几乎占据了东盟总人口的 40%。

值得一提的是，印度尼西亚 70% 的人口均处于 15 岁至 64 岁的生产年龄阶段，全国平均年龄近 29.8 岁，比中国低了近 10 岁。

在遍地年轻人的印度尼西亚，"超前消费"或"即时满足"的消费模式备受欢迎，分期付款这一消费理念在印度尼西亚有深厚的历史基础。印度尼西亚民众普遍展现出强烈的消费意愿，特别是年轻一代，他们对储蓄的概念相对淡薄，崇尚乐观、积极的生活方式，乐于尝试新鲜事物。

印度尼西亚这种消费观念的形成与其经济发展情况息息相关。印度尼西亚是一个贫富差异巨大的国家。2023 年年底，印度尼西亚国内生产总值（GDP）为 1.37 万亿美元，全球排名第 16，亚洲排名第 5。印度尼西亚不仅是东南亚最大的经济体，而且是东南亚唯一一个经济总量突破 1 万亿美元大关的国家。在经济增长趋势上，印度尼西亚更展现出了强劲的势头，除 1998 年的金融危机及 2020 年全球新冠疫情的严重冲击外，其 GDP 总量平均增速基本保持在 5% 以上的高水平。即便在 2008 年全球金融危机期间，印度尼西亚经济仍能以超过 6% 的增速逆势而上。

印度尼西亚是少数几个短时间内成功恢复至新冠疫情前经济水平的国家之一，这一成就与新加坡、美国、韩国及中国等经济体并肩，彰显了其强大的经济韧性和复苏能力。

经济的稳定增长为印度尼西亚消费市场的繁荣奠定了坚实基础，根据印度尼西亚全国家庭收入调查（SUSENAS），自 2002 年以来，中产阶级群体规模持续以每年 10% 的复合增长率扩大。截至 2022 年，其中产阶级和新中产阶级的人口数量已经分别高达 7 200 万、1.28 亿，其消费能力更是以年均 12% 的速度攀升，几乎占据了印度尼西亚全国消费总量的半壁江山。

再看看印度尼西亚的营商环境。印度尼西亚是东亚太平洋地区最具活力的国家之一，政治局势稳定。自 2016 年起，印度尼西亚政府持续完善投资一站式服务体系，通过实施税收优惠政策、设立经济特区及大幅简化审批流程与手续等一系列举措，不断降低投资门槛，力推稳定、开放、透明的投资环境。

作为"一带一路"倡议的关键国家及"区域全面经济伙伴关系协定"（RCEP）的重要成员，在 RCEP 框架下，印度尼西亚基于与中国—东盟自贸区已建立的坚实基础，进一步扩展了对中国的贸易优惠，特别是为超过 700 个税目的中国商品提供了零关税的特惠政策。

种种现象表明，在加速市场化和现代化的浪潮中，印度尼西亚投资市场正展现出蓬勃向上、活力四射的发展态势，包括中国在内的全球投资者有望迎来更多的合作与投资机会。

1.3.3　电商大战与物流方案

在跨境电商领域，有一个普遍共识：若忽视印度尼西亚市场，就意味着放弃了东南亚市场的半壁江山。

2015 年，随着阿里巴巴收购东南亚本地电商 Lazada，以及东南亚地区领先的跨境电商平台 Shopee 的成立，东南亚电商市场迎来了前所未有的发展机遇。两大电商平台依靠强大的资本支持，展开了激烈的竞争。自 2017 年起，Shopee 更是发起了猛烈的攻势，一场东南亚电商大战正式拉开帷幕。

与此同时，随着 eBay、京东、苹果及亚马逊等电商巨擘的相继涌入，东南亚地区在支付系统、物流网络和消费者网购行为的培育等基础设施建设上得到了显著提升，这一系列进展使业界对东南亚地区的电商发展前景普遍持乐观态度。谷歌、新加坡淡马锡控股及贝恩公司联合发布的《2022 东南亚数字经济报告》指出，印度尼西亚、马来西亚、菲律宾、新加坡、泰国及越南的数字经济预计将以每年 6% 的速度稳健增长，预计到 2030 年，这一区域的数字经济总体规模将达到 1 万亿美元。

在这场电商大战中，印度尼西亚凭借其庞大的消费能力、年轻化的网民结构及智能手机、互联网的高普及率，成了电商企业争夺的焦点。据相关数据，2022 年，印度尼西亚已成功跃居东南亚电商市场的首位，电商销售额高达 809.5 亿美元。

印度尼西亚凭借其一己之力占据了东南亚电商市场超过半数的份额，其巨大的电商潜力吸引了众多电商平台和卖家纷至沓来。然而，随之而来的是印度尼西亚政府加大了对跨境电商的监管力度，这使得在东南亚从事电商业务的中国企业家们的战略选择正在悄然发生改变。

自 2019 年起，印度尼西亚已多次调整进口商品税费政策，逐步降低起征门槛。到 2023 年 9 月底，印度尼西亚政府出台新规，明确禁止社交媒体平台直接销售商品，同时规定电商平台进口商品的单价不得低于 150 万印尼盾（约合 100 美元）。这一政策旨在规范电商市场秩序，保护本土中小企业利益。

在这些规定的影响下，TikTok 于 2023 年 10 月初，下架了其小黄车功能和购物标签，TikTok Shop 在印度尼西亚的业务也不得不宣告暂停。

FastData 的最新数据显示，印度尼西亚已跃升为 TikTok 全球第二大活跃用户市场。在这一庞大的用户基数支撑下，电商业务顺理成章地成为 TikTok 商业化的重要引擎。新加坡知名咨询机构 Momentum Works 的研究表明，2022 年印度尼西亚电商市场规模突破 520 亿美元，其中 TikTok 贡献了约 25 亿美元的交易额，成功地在竞争激烈的印度尼西亚电商市场中占据了约 5% 的份额。这一成绩不仅彰显了 TikTok 在东南亚市场的强劲竞争力，也凸显了其巨大的商业变现潜力。

此次 TikTok Shop 在印度尼西亚的业务终止，意味着卖家们将告别在该平台上直接销售的日子，转而依赖于利用 TikTok 广告吸引流量，并引导潜在顾客前往其他电商平台完成购买。曾经，TikTok 是众多跨境电商企业蓬勃发展的摇篮，但现在，它们需要在新的平台上重新奠基，从零构建自己的业务生态。

面对政策调整，印度尼西亚的跨境电商从业者不得不积极探索转型的新途径。一个显著的趋势是，他们开始重视并推动本土产业发展，致力于构建和完善当地的生产供应链体系，以适应不断变化的市场环境。

自 2021 年起，电商平台如 Shopee 和 Lazada 已不再接纳跨境卖家的新店铺申请，转而专注于本土卖家的入驻；进入 2023 年，Shopee 印度尼西亚站宣布将遵循印度尼西亚政府的政策导向，其海外仓库及第三方仓库将不再对跨境卖家开放服务；同年 12 月，经过两个月的业务暂停后，TikTok 宣布了一项重大举措：向印度尼西亚本土科技领军者 GoTo 集团旗下的电商平台 Tokopedia 投资 15 亿美元，这就意味着其在印度尼西亚的电子商务业务将以新的方式重启。值得一提的是，此次 TikTok 特别承诺将全力支持印度尼西亚中小微企业的成长，积极推广印度尼西亚本土产品，同时计划在印度尼西亚各地设立技术中心，培育本地技术人才。

除了国家政策，印度尼西亚物流产业的相对滞后也给电商产业发展带来了一定的挑战。作为"万岛之国"，印度尼西亚地域广阔、人口分散，物流配送体系相对落后，成本高、效率低。在开斋节、周末等产品销售高峰期，当地物流公司还会停运，导致配送不及时，使快递变成了"慢递"，严重影响了印度尼西亚人民电商购物的体验。

这一痛点不仅影响了消费者的购物体验，而且制约了电商行业的进一步发展，却为敏锐的出海创业者提供了大好机遇。

虽然互联网快递企业 J&T Express（极兔速递）的创始人李杰来自中国，极兔速递却是一个典型的印度尼西亚公司。极兔于 2015 年创立于印度尼西亚，是一只来自东南亚的"兔子"。李杰曾担任 OPPO 公司苏皖地区 CEO，在负责开拓印度尼西亚市场期间，当地快递服务的严重不足激发了他的创新思维。2015 年，李杰创立了极兔速递的前身 J&T，致力于在印度尼西亚提供卓越的物流配送服务。

在东亚本土快递公司普遍缺乏电商平台服务经验的背景下，极兔速递将国内已臻成熟的快递运营模式引入印度尼西亚，并在此基础上进行了大规模的复制与推广，成功突破了本土物流巨头 JNE 构筑的竞争防线。极兔速递不仅推出了免费揽件服务，而且开创性地打造了一家全年无休的物流企业，精准满足电商平台的特殊运营需求。此外，极兔速递汲取了顺丰直营模式的精髓，组建了一支提供全天候咨询服务的客服团队，以确保其服务品质的高水准与高效率。

在电商市场的激烈竞争中，极兔速递凭借显著优势迅速在印度尼西亚崭露头角，无缝对接各大电商平台，赢得了海量的订单，成立仅四年便发展成为东南亚第二大电商快递企业。

通过精准捕捉市场痛点，极兔速递成功挖掘出一片未被充分开发的蓝海市场，并有针对性地构建了与之相匹配的高效运营模式。极兔速递在印度尼西亚取得的卓越成就，犹如一面明镜，深刻折射出印度尼西亚市场无尽的潜力与辽阔的未来发展图景，同时为广大出海企业提供了一些思路：任何行业、任何企业，要想在市场立足，都一定要深入融入当地社会，切实解决本土问题。

1.3.4　千年情谊，千年辉煌

中国与印度尼西亚的经贸往来可以追溯到千年以前。1998 年，一艘装满珍宝的古代沉船在印度尼西亚勿里洞岛海域被发现，从这艘被命名为"黑石号"的船上打捞出来的商品中有 98% 是来自中国唐代的瓷器。

而今，新时代的中印尼合作在"21 世纪海上丝绸之路"这一宏伟蓝图的引领下，已经迈向了更加宽广与深远的道路。中国海关总署最新数据揭示，2023 年度，中印尼两国间的货物进出口总额累计突破千亿美元。其中，中国对印度尼西亚的出口商品总值达到 600 余亿美元，中国已连续 11 年成为印度尼西亚的最大贸易伙伴。

印度尼西亚以其得天独厚的矿产资源闻名于世，作为全球煤炭及镍、铁、锡、金等关键金属矿产品的主要供应国之一，其丰富的矿藏吸引了众多外资企业纷纷涉足矿业上游，旨在确保稳定的原料供应。

印度尼西亚是世界上镍储量最高的国家，储量超过全球的五分之一。为提升并优化国内资源的经济潜能，印度尼西亚实施了一项旨在促进产业升级的"下游化"战略，明确规定包括镍在内的关键金属资源必须以精炼形态出口。在这一战略框架下，中资企业已在印度尼西亚镍资源的深加工领域崛起为一股重要力量，不仅为印度尼西亚本土创造了丰厚的就业机会，还极大提升了印度尼西亚在全球供应链体系中的竞争地位。

丰富的镍矿资源为电池制造提供了原材料，借助此优势，印度尼西亚政府先后推出电车补贴、税率减免等一系列措施，吸引了诸多电池巨头企业和新能源汽车企业落地投资。

中国的青山控股集团、力勤、华友等新能源材料企业，宁德时代、龙蟠科技等锂电池巨头，以及比亚迪、五菱等新能源汽车制造商，均在印度尼西亚建设生产基地。这些投资不仅为印度尼西亚的能源转型和碳中和目标注入了强劲动力，也为印度尼西亚跻身全球新能源汽车生产大国之列奠定了坚实的基础。

2015年，乘着"一带一路"倡议的东风，上汽通用五菱印度尼西亚汽车公司应运而生。作为中国首个踏入印度尼西亚市场并设立生产基地的汽车企业，上汽通用五菱印度尼西亚汽车公司秉持合作共赢的原则，开辟了一条共同发展的繁荣之路。

2017 年 7 月，一座占地面积达 60 万平方米、总投资额为 7 亿美元、具备年产 15 万辆汽车能力的印度尼西亚五菱主机厂及其供应商园区圆满竣工。紧接着下一个月，首辆在印度尼西亚本土生产的五菱汽车——Confero 顺利下线。同年，这款车型荣获当地的"年度最佳新车"奖项及"最佳小型 MPV"称号。

五菱汽车在印度尼西亚市场相继推出了 Air ev、Binguo EV 及 Cloud EV 等多款车型，覆盖了印度尼西亚当地 2 亿至 4.5 亿印尼盾价格区间的主流乘用车细分市场。尤为值得一提的是，五菱新能源首款全球战略车型——五菱 Air ev，更是荣耀地成了 G20 峰会的官方指定用车。根据印度尼西亚汽车工业协会的统计数据，2022 年，五菱在印度尼西亚新能源汽车市场中占据了高达 78% 的份额，显著超越了原本处于市场领先地位的日韩品牌。

随着一系列"一带一路"合作项目的圆满落地，中印尼两国的经贸合作呈现出了加速推进、领域不断拓展、合作层次持续提升的良好态势，有力推动了两国经贸关系迈入一个全新的发展阶段。包括青山控股、宁德时代、正泰、五菱、奇瑞、比亚迪、东风小康、哪吒在内的众多中国企业，在印度尼西亚已经逐步构建起了一条涵盖镍矿开采、钢铁制造、动力电池生产及电动车制造等多个环节的完整产业链。这一布局不仅促进了中国企业全球资源的高效整合与利用，也为其在印度尼西亚这一广阔且充满活力的消费市场开辟了新的增长点。

然而，这一市场亦伴随着一系列挑战与风险。相对较低的市场容量上限、交通基础设施不完善、服务成本居高不下、部分创业者技能与素养有待提升，以及市场波动频繁且周期性变化显著等各种因素共同构成了印度尼西亚市场的不确定性，对中国企业在该地区的经营策略提出了更高的要求。更重要的是，并非所有在中国行之有效的商业模式都能无缝对接至印度尼西亚市场，企业如果直接照搬中国模式就可能会遭遇"水土不服"的情况。

中国企业在海外市场的每一步探索，都应致力于实现与当地经济社会的深度融合与共赢发展，不仅要"走进去"，更要"站得稳""走得远"。

1.4 沙特阿拉伯：黄沙中的"蓝海"

1.4.1 NEOM：沙漠中的希望之地

在毗邻红海和亚喀巴湾，靠近海上贸易航线苏伊士运河的红海之畔，一片广袤无垠的工地上，举世瞩目的沙特阿拉伯NEOM（新未来城）项目正在如火如荼地展开。这是可以写入世界建筑史的创新与奇迹，更是人类对未来生活方式的一次大胆探索。沙特阿拉伯正以此项目为契机，向世界表明其开放与变革的决心。

2024年7月下旬的一天，清晨的第一缕阳光洒在工地上，与金黄色一望无垠的沙漠交相辉映。此时工地上6万多名项目工作人员已整装待发，他们来自全球90多个国家和地区，为同一个宏伟目标而不懈努力。

工地上的轰鸣声不绝于耳，大型施工重型设备机械往来穿梭，砂石在基建项目"排头兵"挖掘机的铁臂下腾空翻滚，一片繁忙而壮观的景象展现在眼前。

众所周知，沙特阿拉伯是地球上最炎热的地区之一，最热的季节当属每年的7月份。即便是上午8点，工地的温度也已达到了近30度，到了中午及午后时分，气温有可能升至45度以上。

NEOM工地的工作人员需要赶在高温到来之前尽可能完成当天的工作任务。

NEOM 是结合了希腊语和阿拉伯语的词汇。在希腊语中，NEO 意为"新的"，M 取自阿拉伯语，读音为"Mostaqbal"，意为"未来"。"NEO"和"M"二者结合，便有了"新未来"的含义。NEOM 项目占地面积为 2.65 万平方千米，相当于 4 个上海或 1 个半北京的面积。

此项目由沙特阿拉伯王储穆罕默德·本·萨勒曼（Mohammed bin Salman）亲自部署并主导推进。与传统意义上的城市不同，NEOM 并非一个单一的、集中的都市区域，而是一系列卫星城市和度假区的集合体，它们共同构成了一个宏伟的未来主义蓝图。

萨勒曼王储曾表示，他希望创建的绝不仅是一座城市，更是一个像埃及金字塔一样，具有标志性和永恒性的建筑奇迹。

在 NEOM 的设计蓝图中，每一个组成部分都有其独特的功能和定位，从超前的建筑设计到可持续的能源利用，从创新的交通系统到与自然和谐共生的生活理念。其中，最引人注目的莫过于四大标志性工程，如线性城市项目 The Line、山地和滑雪体育运动项目 Trojena、大型海上漂浮城市项目 Oxagen 及豪华旅游度假海岛项目 Sindalah。

The Line 无疑是 NEOM 项目中最引人瞩目的社区，自 2021 年宣布设立以来，其宏大的愿景便成了国际关注的焦点。The Line 由两座平行的摩天大楼组成，从红海亚喀巴湾一直向西部沙漠地带延伸。这座长 170 千米、宽 200 米、高 500 米的双塔建筑将是人类建筑领域前所未有的巨大挑战。一旦竣工，它将成为全球宏伟的建筑奇观之一——一个充满未来感的镜像住宅与商业街区，坐落于广袤起伏的沙漠、洁白无瑕的海滩之上。

除 NEOM 项目外，沙特阿拉伯全国范围内的基建项目种类繁多，如大量传统石化和以光伏、氢能源为代表的新能源领域建设项目，规划 25 平方千米的未来智慧城市 ROSHN SEDRA 新城项目，利雅得市内的 THE KING SALAMAN PARK（世界最大城市森林公园）项目，全球最大机场萨勒曼机场项目，NEW MUKAAB（利雅得城市地标）项目，2030 世博会项目，QIDDIYA PROJECT（利雅得现代新城）项目，以及公路、铁路、航运等交通设施建设等。

巨大的基建需求，吸引着世界各地建筑施工企业、材料供应商、光伏风力等新能源设备制造商及智慧住宅等解决方案提供商齐聚沙特阿拉伯，众多优秀的中国基建企业和工程机械设备企业都参与到了 NEOM 的建设之中。

中建集团与西班牙 FCC 集团共同承建了 NEOM 项目的关键隧道工程，中国铁建承建了隧道的支洞项目，中国电建参与了新城核心标志性建筑社区 Mirror Line 超级摩天大楼超高塔桩基项目，中国建筑工程总公司中标钻爆隧道工程段合同，山东国际经济技术合作有限公司入围沙特 NEOM 新城合格承包商，中国水电基础局顺利完成最大孔深、最大桩径试验桩灌注。

作为 NEOM 项目的主用电源，苏美达提供的发电机组克服了沙特阿拉伯当地高温、高湿、多沙的困难，开发了具备散热、除湿、耐腐蚀和低噪声水平等专业功能的发电机组产品，确保在温度高达 60℃的恶劣条件下仍能正常高效运转。

随着沙特阿拉伯工程机械市场需求持续爆发式增长，国内知名工程机械龙头品牌三一重工、中联重科、徐工机械、广西柳工、山东山推等品牌都创造了非凡的业绩。

1.4.2　当"一带一路"倡议牵手"2030 愿景"

每当提起沙特阿拉伯，大多数人首先想到的就是石油。当我们通过 NEOM 这个窗口，近距离观察和了解这个国家的时候，却发现今天的沙特阿拉伯已经走上了国家经济综合转型的道路。

穆罕默德·本·萨勒曼这位年轻的王储，作为沙特阿拉伯实际执掌政务的国家领导者，正在积极推动国内各项政治、社会、经济、外交等领域的改革，力求沙特阿拉伯摘下石油国标签，积极拥抱现代化世界。

2016 年 4 月，沙特阿拉伯内阁会议提出了"2030 愿景"，由此拉开了沙特阿拉伯现代化改革和发展的序幕。作为未来沙特阿拉伯国家发展的战略基石，"2030 愿景"以社会、经济、国家建设三大主题为基础，明确了国家和民族发展的战略大方向，并提出到 2030 年，沙特阿拉伯在全球经济体的排名进入前 15 名，将非油出口占比从 16% 提高至 50%，成为全球最大的氢能源出口国等具体目标。

虽然有了经济转型的计划，但除了石油产业，沙特阿拉伯在其他领域的产业基础相当薄弱。

因此，中国企业赶上了出海沙特阿拉伯的最佳时机。

2016 年年初，中国国家领导人当年第一次出访就来到了沙特阿拉伯，两国宣布建立中沙全面战略伙伴关系，共同推进在"一带一路"建设框架内的深入合作。

2022 年，中国国家领导人再次访问沙特阿拉伯，中沙两国元首亲自签署《中华人民共和国和沙特王国全面战略伙伴关系协议》并共同签署《共建"一带一路"倡议与"2030 愿景"对接实施方案》。同年，中沙双边贸易额达 1160.4 亿美元，为历史最高水平，沙特阿拉伯也成为整个中东区域同我国唯一一个双边贸易破千亿美元的国家。

具有远见卓识的优秀中国企业，在积极践行我国政府提出的"一带一路"倡议的同时，积极研究"2030 愿景"，融入本地社会经济建设的步伐不断加快。

有的中国企业深入了解沙特阿拉伯本土市场，深入研究沙特阿拉伯政府发布的关于"2030 愿景"的政策文件、规划蓝图，把握其中蕴藏的巨大商机，确保企业业务开展符合当地产业规划、政策和法律要求，最典型的就是以中国电建、阳光电源、晶科能源为代表的能源企业。

有的中国企业通过在当地开展市场调研，深刻了解沙特阿拉伯市场的消费习惯、需求趋势及潜在的增长点，在沙特阿拉伯本土投放符合消费者需要的产品，代表企业包括以奇瑞、一汽红旗为代表的汽车企业。

有的企业利用各种国际交流平台，与沙特阿拉伯政府部门、沙特阿拉伯最大的主权财富基金——沙特阿拉伯公共投资基金（PIF）等投资机构展开深度交流，充分利用两国优势资源，展开投资合作。2023 年至少有 9 家中国汽车公司已经获得了来自中东资本的押注，累计投资金额超 500 亿元。

有的企业广泛吸收本地化人才为我所用，中联重科、三一重工、广西柳工、山东山推等优秀企业深入开展本地化经营，利用本地化人才的优势优化商业模式，助力企业在沙特阿拉伯乃至中东市场的深度发展。

沙特阿拉伯计划到 2030 年实现每年吸引 1 000 亿美元外国直接投资的目标，增加的外国直接投资将支持新兴产业和重点行业的发展，如先进制造业、采矿业、可再生能源和旅游业。此外，在沙特阿拉伯也浮现出一系列新兴产业，如人工智能、工业互联、文化传媒、游戏竞技、电商直播、中文教育等，对于想要拓展国际市场特别是中东市场的中资企业而言，必将带来更多的便利和机遇。

1.4.3　不一样的"沙特阿拉伯版"中式茶饮

出海领航的一位合伙人曾经深耕沙特阿拉伯市场多年，如今再次回到沙特阿拉伯不由得由衷地感叹："如今的沙特阿拉伯，真的和过去完全不一样了。"过去到沙特阿拉伯首都利雅得，无论走在哪里都会被那一望无际的金黄色沙漠占据眼球；现在，越来越多的新鲜业态已经在城市中生根发芽，处处蕴含着新的体验。

在利雅得一些繁华的购物中心或商业街，出现了很多中国的茶饮品牌。相比欧美市场，奶茶对中东消费者而言并非完全陌生，中东人爱喝的"Karak tea"就是一种混合了茶叶与牛奶的饮品，这为中国奶茶打开中东市场奠定了一定的基础。

现在的沙特阿拉伯正处于改革开放初期，现任王储萨勒曼刚刚开始进行大刀阔斧的改革，这时社会提供的饮食和娱乐选择很少，奶茶还是个很新鲜的概念。

沙特阿拉伯人对咖啡的热爱超乎想象，他们对苦味的接受度极高，甚至偏爱高倍浓缩的咖啡。对大多数人来说，奶茶并不像他们印象中的饮料。一些聪明的企业家意识到了这一点，很快开始尝试本土化，把奶茶打造成一种甜品而非日常饮品。

为了符合当地人的口味，位于利雅得城市中心区的 Panorama 商场的"Yaoyao 奶茶"经过反复调试配方，最终推出了黑糖珍珠奶茶这一爆款产品。这款奶茶结合了珍珠的 Q 弹与黑糖的浓郁，甜度是国内奶茶的三倍，但对沙特阿拉伯的人们来说，作为甜点刚刚好。产品一经推出，就赢得了沙特阿拉伯年轻女性等大众消费者的喜爱。

不仅如此，"Yaoyao 奶茶"还注意到了沙特阿拉伯人对抹茶和芋泥的喜爱，于是他们将这些元素融入奶茶之中，进一步丰富了产品线。这种对本地口味的精准把握，让"Yaoyao 奶茶"迅速在利雅得站稳了脚跟。

奶茶的风靡只是沙特阿拉伯市场需求越来越多样，市场越来越开放的一个缩影。

在中沙两国进入合作更紧密、交往更频繁的新时期之际，中国企业在沙特阿拉伯的投资迎来了历史性的发展机遇，既有传统的油气石化、基建项目、工程承包、机电商品、家电家居等行业，也有伴随着沙特阿拉伯社会改革开放日益兴起的新兴行业，如新能源产业、大数据、人工智能、旅游业、文化传媒、体育竞技、游戏产业、电商直播等。每一个行业、每一家企业都能够在沙特阿拉伯找到市场机会，都能说出一个前往沙特阿拉伯开拓市场的理由。

1.4.4 沙漠中的绿洲——新能源

绿色产业链转型是"2030 愿景"中的重中之重。作为传统石油大国，沙特阿拉伯正力求摆脱对传统石化单一产业的依赖，在"2030 愿景"计划中针对新能源的战略目标是到 2030 年将可再生能源在能源结构中的占比从 16% 提高到 50%。

大力发展光伏、氢能、风能等新能源产业，计划到 2030 年成为全球最大的氢能源出口国家，同时积极拥抱新能源汽车、动力电池、人工智能、数字经济等新兴领域。为此，沙特阿拉伯正致力于打造全球性新能源汽车制造基地。

《财经》杂志曾报道称，沙特阿拉伯政府对沙特阿拉伯主权财富基金的重要考核标准之一就是对新能源汽车制造商的投资。这一宏伟目标为中国的新能源企业提供了广阔的发展空间。

通过与中国企业成立合资公司，推动风机、光伏电池及组件等关键零部件的本地化生产，沙特阿拉伯积极推动可再生能源领域的研发技术生产本地化。中国新能源企业在技术和管理方面具有显著优势，能够为沙特阿拉伯提供先进的新能源技术和解决方案。中沙两国在新能源领域的合作不断深化，为双方企业提供了极大的合作空间和机遇。

国内新能源龙头企业纷纷参与到沙特阿拉伯此轮新能源发展大潮中，通过与沙特阿拉伯本土机构和企业合作投资，实现本土制造。

这些新能源领域的投资项目可谓举世瞩目，它们多是某一新能源细分领域海外最大的投资项目或海外产能最大的项目。

2024 年 7 月，阳光电源与沙特阿拉伯 ALGIHAZ 公司达成战略合作，共同签署了全球规模最大的储能项目建设协议。该项目总容量达 7.8 吉瓦时，将分别落地于沙特阿拉伯的纳季兰、迈达亚和海米斯穆谢特三地。项目计划于 2024 年启动交付，预计 2025 年实现全容量并网运行。这一"里程碑"式的合作项目将显著提升沙特阿拉伯电网的稳定性和供电可靠性，为沙特阿拉伯能源转型提供重要支撑。

同期，晶科能源、RELC、Vision Industries Company 三方共投资近 10 亿美元，实现高效光伏电池及组件年产能 10 吉瓦，这也是晶科能源最大的海外投资，有望成为中国光伏电池及组件行业最大的海外制造基地。

TCL 中环在 2024 年 7 月宣布将与 Vision Industries Company 及 PIF 子公司 RELC 合作，在沙特阿拉伯成立合资公司，建设 20 吉瓦的光伏晶圆厂，总投资约 20.8 亿美元，此投资项目将成为其海外最大的晶圆厂。

中国企业深度参与的各种新能源项目无疑是沙特阿拉伯新能源产业链转型中的一抹极大的亮色，助力一望无际的沙漠中出现片片绿洲。

以沙特阿拉伯为代表的中东地区正在成为中国企业出海的新热土。

然而，在看到中东市场活力和机遇的同时，我们还要保持冷静的头脑。当前中东地区地缘形势错综复杂、冲突不断，有可能引发长期、持续性地区风险。

超级基础建设大项目，如 NEOM，也会遭遇阶段性的挑战。这些挑战来自多种因素的影响，包括前沿技术的可操作性、当地严酷的自然环境、建筑成本不断攀升，以及工程进度不及预期等。

当中国企业迫不及待地"大手笔"投资遇见中东文化中的"不急不躁"和"细水长流"时，中国企业在中东地区能走多远？在复杂的文化背景下，我们如何做一个合格的"文化融入者"？在投资、采购、生产、人员招募各环节，中国企业是否真正做好了本地化的准备？这些都是中国企业必须审慎思考和回答的问题。

1.5　德国：中企出海的欧洲主战场

1.5.1　中国企业的"欧洲杯"

2024 年 6 月 15 日至 7 月 15 日，四年一度的欧洲足球锦标赛（以下简称欧洲杯）在德国上演，24 支欧洲球队捉对厮杀，角逐桂冠。在柏林、慕尼黑、法兰克福、杜塞尔多夫、汉堡、莱比锡、斯图加特等十座举办城市的街上，以及地铁、酒吧、餐馆里，挤满了来自欧洲各地的球迷，他们身披国旗、高唱国歌，享受着这个属于足球的夏天。

球场之外，欧洲杯，这一在竞技水平、观赏价值及国际影响力方面均可与"世界杯"比肩的足球盛事，在目睹了日本与韩国企业在全球范围内波澜壮阔的扩张历程与兴衰起伏后，正步入一个由中国企业领航的新纪元。

2016 年，海信成为第一家赞助欧洲杯的中国大陆企业；2020 年，凭借海信的持续助力及 TikTok、支付宝、vivo 等新兴力量的加入，中国跃升为欧洲杯全球赞助商中的贡献最大的国家；2024 年，随着比亚迪填补大众汽车退出的空缺，速卖通的全新加入，加之海信、支付宝和 vivo 的继续支持，中国保持了其作为欧洲杯全球赞助商最大输出国的地位。

从以往连续多届欧洲杯中国赞助商数量为"零"的空白，到 2016 年首次实现"1"的突破，再到 2024 年欧洲杯上中国赞助商数量达到"5"的飞跃，这一增长不仅跨越了家电行业，还扩展至智能手机、智能汽车、跨境电商、支付科技等新兴市场。这一变化不仅彰显了中国企业海外拓展战略的持续深化，更映射出了中国国内产业升级浪潮的蓬勃兴起。

1.5.2　中欧光伏产业的"恩怨情仇"

就在欧洲杯如火如荼地举行之际，一场同样引人注目的行业盛事——2024 年欧洲国际太阳能展（Intersolar Europe 2024，以下简称 Intersolar 展会），于 2024 年 6 月 19 日至 21 日在德国慕尼黑盛大开幕。

此次展会规模空前，吸引参展商 3 000 余家，参观者十余万人。在这场全球光伏储能行业的盛宴中，晶澳太阳能、隆基股份、晶科能源、天合光能等中国领军企业携最新太阳能与储能技术精彩亮相，展示了融入全球能源转型与绿色发展的方案，并推出了智慧家庭能源解决方案。

然而，展会内外的中国企业却陷入了一种焦虑感。这种焦虑感不仅来自同行竞争，还源于全球光伏贸易政策的高度不确定性。

从 2023 年下半年起，中国光伏行业遭遇了严峻的挑战，行业内部竞争愈发激烈、产品同质化现象严重、产能过剩问题凸显、价格战全面爆发……2024 年被称为"光伏行业最强内卷年"，海外市场自然成为光伏企业的共同选择。

出海领航团队也出现在 Intersolar 展会上，近距离、沉浸式地体会欧洲新能源市场的变化。

欧洲能源危机的加剧促使欧洲社会对光伏发电系统和储能设备的需求迅速上升，2022年以来，中国对欧洲的光伏组件出口实现了显著增长，使得欧洲跃升为中国光伏产品的首要出口市场，占比超过50%。

2023年12月7日，中欧峰会成功召开，双方领导人强调多边主义，指出深化绿色能源合作对中欧及全球能源转型至关重要。中国光伏产业在政策引导和市场需求下已然成熟，技术领先且全球地位显著。欧盟的全面能源政策、高效并网监管及公平市场环境，促进了太阳能技术的广泛应用。

中欧在光伏产业上的合作具有巨大的潜力。欧洲凭借其庞大的市场需求，中国则依靠其大规模生产和产业化的强项，双方可共同研发出效率更高、成本更低的光伏产品。此外，欧洲在构建大规模、高比例可再生能源并网电网方面积累了丰富的经验，这为双方在未来新型电力系统和虚拟电厂等领域的合作提供了坚实的基础。

但中欧在光伏产业上的合作并非想象中那么顺畅。一方面，欧盟内部光伏产业难以抵挡中国企业的冲击，不少企业先后关停。

2024年2月，瑞士光伏制造商梅耶·博格宣布将关闭德国萨克森州的太阳能电池板厂，这一消息随即引起了德国及欧盟方面的密切关注并尝试挽留。同年4月，工厂停产，挽留谈判失败。作为德国太阳能电池板的领军企业，梅耶·博格此举导致欧洲太阳能电池板的产量骤降 10%。

另一方面，欧盟内部对中国产品采取了更为严苛的市场准入标准和反倾销措施，这给中国光伏企业在欧洲市场的布局增添了更多的变数。

早在 2012 年，欧盟就曾对中国光伏企业发起反倾销调查，次年加征惩罚性关税，税率不断上升，导致中国光伏产品对欧出口骤降78.5%。直至 2018 年关税取消后，欧盟才重新成为中国光伏产业的关键海外市场。

这是一场涉及贸易保护、利益、产业未来及清洁能源的博弈。欧美对中国光伏产业的举措将搅动全球光伏市场，背后是激烈的经济利益与国际竞争。这场较量关乎市场份额、贸易规则，更是国家与产业政策层面的碰撞。

1.5.3　在汽车发源地重新定义汽车

处于中欧贸易和投资博弈风暴眼中的还有新能源汽车行业。

2024 年 3 月，德国不来梅哈芬港，一位特殊"访客"的到来掀起了欧洲新能源汽车行业的波澜。这个"访客"就是"比亚迪探索者 1号"——中国首艘汽车运输船。

随着船舱门的缓缓开启，3 000 辆崭新的比亚迪新能源汽车整齐列队，静待它们的欧洲之旅。这一事件不仅震撼了现场，更被德国媒体界视为中国汽车品牌正式向欧洲市场发起挑战的重要里程碑。

让德国汽车业界倍感压力的是，比亚迪拥有一支由至少 8 艘与"探索者 1 号"同等级别的大型滚装船组成的强大船队。

中国电动车品牌进入以德国为代表的欧洲市场早已有迹可循。

自 2022 年起，中国在欧盟的汽车进口来源国排名中已跃升至首位。2023 年德国从中国进口新能源汽车总量累计 12.98 万辆，总价值高达 34 亿欧元，占据了德国当年新能源汽车进口总量的约 29%。在德国乘用车市场，中国汽车品牌占据新注册量 3% 的份额，然而，在新能源汽车这一细分领域，中国品牌的表现尤为亮眼，已经占据了德国新车注册量 8% 的份额。

2023 年 9 月，在法兰克福车展上，一支由中国车企领衔的强大阵容震撼亮相，其中包括吉利、比亚迪、阿维塔、红旗、广汽、赛力斯、江淮等知名品牌，携手近 900 家中国汽车零部件供应商，在德国本土展现了中国新能源汽车产业的雄厚实力。

在过去的很长一段时间里，中国都被视为世界最大汽车市场，但从未被视为汽车行业的技术高地。曾几何时，将中国汽车卖给德国人，对中国人而言是一件难以想象的事情，难度不亚于"把冰块卖给爱斯基摩人"。在短短二十多年的时间里，中国的汽车行业迅速崛起，不仅成为世界级的汽车生产大国，电气化和智能化进程更是领先全球。即便是身为亲历者的中国人对这一翻天覆地的变化也深感震撼，更何况那些长期生活在欧美国家的西方从业者。

如果说，2005 年吉利携自由舰、豪情、美人豹等五款车型初登法兰克福车展仅给欧洲市场带来了一丝丝意外，那么 18 年后，中国汽车企业以强势的姿态席卷而来，不仅给欧洲市场带来了前所未有的冲击，更以一种崭新的姿态和实力，重新定义了全球汽车产业的竞争格局。

自 2022 年起，包括比亚迪、上汽名爵、极星、领克、欧拉、蔚来、小鹏等在内的中国多家新能源汽车制造商，已经在 20 余个欧洲国家成功推出了多款自有品牌的新能源车型。"中国跃居全球最大汽车出口国""中国新能源汽车销量刷新历史纪录"等话题，一度成为各国媒体竞相追逐并广泛报道的热点。

在欧洲，中国品牌汽车的崭露头角撼动了传统汽车制造强国的统治地位，促使这些国家加速创新步伐并重新规划市场战略。

即便强如特斯拉，也感到了中国汽车企业的压力。特斯拉创始人埃隆·马斯克曾公开表示："中国汽车企业已成为全球最具竞争力的汽车企业。"在他看来，如果没有贸易壁垒的限制，中国汽车极有可能在全球汽车市场中占据主导地位。

一般而言，所谓"贸易壁垒"往往是由较不发达国家设立的一种措施，旨在为其本土产业提供一定的保护屏障。但如今，这些"贸易保护"趋势开始越来越多地由欧美国家主导，目标直指正在走向世界舞台的中国企业。

也许是因为感受到了中国新能源汽车企业的发展势头带来的压力，一些欧美传统汽车强国开始采取相应举措。2024年2月29日，美国政府宣称出于"潜在的国家安全风险"考虑，决定对中国制造的互联网汽车发起调查；2023年10月4日，欧盟委员会正式启动了对中国新能源汽车的反补贴调查。经过一系列审查与评估，欧盟委员会于2024年7月4日发布了初步裁决结果，决定对中国新能源汽车实施17.4%至37.6%不等的临时性反补贴税率，其中，比亚迪、吉利汽车、上汽集团的加征税率分别为17.4%、19.9%、37.6%。

1.5.4　动荡中探索共赢之路

中国和欧洲在光伏行业与新能源汽车行业的显性竞争和隐形壁垒正是中欧产业竞合博弈的典型写照。

当前，国际环境错综复杂，保护主义思潮回升。在这种背景下，欧盟对华采取了所谓的"去风险"策略，并推出了一系列政策举措，这些无疑为双方的关系蒙上了一层阴影。

从技术合作与互利机遇的视角出发，欧洲各国在诸多领域内均积淀了深厚的技术底蕴与研发能力，这些与中国企业具备的技术专长及高效产能相辅相成，能够激发出显著的协同增效作用。双方具备极大的合作潜能，能够在深化技术研究、促进产品创新等多个层面进行密切合作，共同发掘并开辟新的市场领域及商业发展机会。

当然，我们也必须正视欧洲市场的复杂环境与挑战。

欧洲市场竞争异常激烈，本地企业间的竞争已是白热化，来自全球其他国家和地区的众多企业的涌入，又加剧了这一竞争态势。同时，欧洲市场在执行合规标准方面十分严格，涵盖了环境保护、劳工权益保护等多个领域，对企业提出了很高的要求。

中国企业在德国市场扩展业务时，面临多项合规挑战。一方面是劳动法的差异，另一方面是德国社保体系较为复杂。此外，雇佣合同和劳动关系纠纷处理也有严格规定，企业需严格遵守，以确保劳动关系的和谐与稳定。

欧洲市场的复杂性并未阻挡中国企业的前进步伐，他们正以坚韧不拔的毅力，书写属于自己的海外传奇，为中欧经贸关系注入新的活力与动能。

1.6　墨西哥：通往北美大陆的桥头堡

1.6.1　华富山印象：中资企业的冰火两重天

墨西哥东北部新莱昂州首府蒙特雷，是墨西哥的第三大城市、国际重要的工业和商业中心。向北约 200 公里，即美国南部的得克萨斯州。

贯穿全城的 85 号公路，肩负着美墨两国间大约 80% 的货物运输重任，被称为美墨边境的"大动脉"。

墨西哥第一家中资工业园区——华富山工业园便坐落于此。2015 年 10 月，华富山工业园由中国华立集团、富通集团和墨西哥当地名门望族 Santos（桑托斯）家族联合开发建设，占地面积约 13 000 亩（约合 8.67 平方千米）。

当地人起初并不太看好华富山工业园，甚至无法理解，觉得这帮中国人可能"疯"了。其实，不仅是墨西哥人，当时包括中国人在内的大部分人对该项目都抱有怀疑态度。2015 年至 2016 年，在墨西哥的中国企业寥寥无几。过去很长一段时间，这里处于荒凉的状态，四周放养着马匹与各种家畜。

华富山工业园的投资者们却敏锐地预见到中国企业即将掀起一股替代欧美日韩进行全球产业布局的新浪潮，中国企业的足迹也一定会越来越频繁地出现在墨西哥这片土地上。

如今，一道气派的红色大门及上面的"Hofusan Industrial Park（华富山工业园）"字样宣告着这片土地迎来了全新的使命与活力。

2022 年至 2024 年，中国企业布局墨西哥市场呈现井喷态势，他们争相涌入华富山工业园"抢（厂）房抢地"。最多的时候，园区内一周会出现 10 家以上的中企考察团。

墨西哥自治大学经济学教授杜塞尔·彼得斯（Enrique Dussel Peters）近期发布的报告显示，2018 年至 2022 年，中国企业在墨西哥创造的就业岗位超过 11.2 万个，占总量的近四成。

截至 2024 年上半年，在华富山工业园安家的中国企业已经多达 40 余家，主要以汽车零部件、家电家具、装备加工等制造业行业为主，其中不乏海信、顾家、新坐标、一汽富奥等知名企业。

华富山工业园成了众多有意在墨西哥建厂的中国企业的首选之地，有的客户甚至没有实地勘察，仅通过电话、视频及无人机远程看地，"就买下了 10 万平方米的土地"。

投资墨西哥的热潮不仅吸引了企业界，也得到了媒体界的关注。2024 年 5 月，《财经》杂志的两位记者柳书琪、刘以秦专门在墨西哥调研 3 周，发表了一篇热度极高的文章《21 天走访墨西哥七城，中国工厂生存实录》，生动地记录了中国企业在墨西哥安营扎寨所经历的酸甜苦辣和重重艰辛。

华富山工业园的中国企业是众多中国企业出海的一个缩影。这个园区目睹了部分中国企业从初步扎根到茁壮成长的历程，其间一些中国企业走了不少弯路，甚至付出了成长的代价。然而，这些经历无论成败，都为中国企业特别是初涉海外的"新航海家"们提供了宝贵的经验。

这些进驻墨西哥的中国企业正是众多渴望以墨西哥为跳板，进军北美大陆市场的中国企业的典型代表。

1.6.2　大国博弈下的出海"新大陆"

随着全球供应链重构的步伐显著加快，墨西哥凭借其独特的优势，成为世界各地的巨头企业争相入驻的新全球制造业枢纽之一。从中国的汽车制造商、汽车配件供应商、家电生产商，到特斯拉等美国汽车企业巨头，纷纷将目光投向这片充满机遇的制造业新沃土。

墨西哥经济部的报告指出，宏观经济稳定及优质的营商环境是墨西哥吸引外资的主要原因。特别是在 2023 年，墨西哥的外资再投资率高达 74%，充分彰显了外资对墨西哥的信心。此外，区位优势、丰富劳动力、广阔市场及税收优惠也是墨西哥的核心吸引力。

墨西哥前总统波费里奥·迪亚斯曾说过："可怜的墨西哥，离上帝太远，离美国太近"。如今，时过境迁，"离美国太近"的含义正在悄然发生着改变……

中资企业扎堆投资墨西哥更是一场大国博弈背景下的应变之策。

2018 年美国大幅提升了中国产品出口美国的关税。在这样的背景下，中国企业进一步加大了在墨西哥的投资，其重要目的就是把墨西哥作为进军美国市场的连接器和中转站。

在中美贸易摩擦的背景下，企业要规避美国的高额关税和潜在的地缘政治风险，根据美墨加贸易协定的条款，诸多种类的商品在从墨西哥出口至美国及加拿大时，能够享受到优惠的关税政策，包括低税率甚至完全免税的待遇。

2023 年，中国国际电视台（CGTN）播出了一则专题报道，聚焦于中国企业在墨西哥华富山工业园内的投资热潮。报道中提到，"中国工厂的快速设立是在墨西哥北部新莱昂州开始生产的一部分，并使其产品更接近世界上最大的市场——美国"。

在"Made in China"商品面临美国加征高额关税的情况下，对于希望继续在美国市场占据一席之地的中国企业而言，在墨西哥设厂并享受零关税待遇被视为一种具有前瞻性和战略性的应对措施。其中不乏部分企业是基于客户的需求而动。出于提升供应链韧性、优化运营效率及确保供应链稳定性的考量，许多北美客户都向中国企业提出了去墨西哥建厂的期望。

2023 年 3 月，马斯克正式宣布，将在墨西哥建设"全球最大新能源汽车工厂"。在此之前，东山精密、宁德时代、立中集团、蓝思科技、银轮股份等二十余家中国汽配企业就已经开始积极采取相应措施，纷纷赶赴墨西哥建厂。他们中的一些企业甚至已与特斯拉达成了协议，协议明确规定只有选择在墨西哥投资建厂，方能获得后续的汽车零部件订单。

事实上，由于离美国近、低关税等原因，一直以来，墨西哥都被许多外资企业视为进入美国市场的重要通道之一。只不过在中美博弈的大背景下，这块"跳板"上中国企业的身影愈发明显。

1.6.3　喜马拉雅山上的水能否在墨西哥流淌

2007 年，任正非先生在墨西哥考察时，提出了一个经典的问题："为什么喜马拉雅山上的水就流不到墨西哥？"这个问题映射了华为当时面临的全球化挑战——尽管已在全球多个国家和地区扎根，构建起坚实的商业版图，拉美市场却依然如同未被征服的秘境，成为华为全球版图中最为薄弱且亟待突破的一环。

自 2021 年起，众多中国自主品牌纷纷将目光投向墨西哥，从选址建厂到产品投产，再到市场营销的全链条布局，无不彰显出中国企业对墨西哥市场的高度重视。

中国企业在墨西哥的投资布局颇为广泛，重点聚焦于汽车及零部件、基础设施建设、物流服务业、电信通信、能源开发、装备制造等多个关键领域。在这片孕育着无限商机的土地上，中国企业的入驻不仅为墨西哥注入了雄厚的资本与尖端的技术力量，更传递了深化合作、共谋发展的积极信号，致力于实现双方互利共赢、共同繁荣的美好愿景。

颇为有趣的是，不少中国企业初入墨西哥时，目光主要聚焦于美国市场，但当其真正踏上这片土地时，却发现这里蕴藏着无数未被发掘的机遇。墨西哥人口超 1.28 亿，且平均年龄仅为 29.8 岁，尽管存在贫富差距，但据世界银行的数据，其按购买力平价计算的人均 GDP 高于中国。如果中国企业能够在此潜心耕作，实现本土化发展，往往能够获得一些"无心插柳"的意外之喜。

TCL 是较早进军墨西哥市场的中国企业之一，其在 2014 年收购了日本三洋蒂华纳工厂，旨在绕开贸易壁垒并抓住北美市场的巨大消费机遇。之后，TCL 在墨西哥的投资不断扩大，不仅在蒂华纳设立了工厂，还在华雷斯等地建立了生产基地。不断强化本土化策略，加大研发投入，灵活应对北美市场的需求变化……一系列举措使得 TCL 电视在北美市场的出货量获得了持续增长。2023 年，TCL 电视在北美的营收排名为同行业第三。同时，TCL 还针对墨西哥市场需求开发了定制化产品和服务，有效提升了品牌在墨西哥市场的竞争力和市场接受度，为其全球化布局打下坚实基础。

1.6.4　机遇的跳板，还是潜藏的陷阱

若将全球地缘政治格局变迁所催生的成长契机喻为"天时"之利，那么墨西哥蕴含的丰富的发展资源则可被视为"地利"之优。墨西哥拥有较完整且多样化的工业体系，包括食品、纺织、制革、服

装、造纸等轻工业，以及汽车、钢铁、化工、机械制造、制药等重化工业，这些优势为企业发展提供了强有力的支撑和保障。

即使有了"天时"和"地利"的双重加持，中国企业在墨西哥也会面临各种挑战。

墨西哥至今仍深陷于司法腐败、毒品泛滥与治安不靖等多重社会顽疾之中，这些根深蒂固的问题并未获得根本性的改善与解决。即使已经做好了心理准备，如果企业管理者没有亲临墨西哥，也无法想象当地的一些乱象。

在墨西哥，很多时候企业不得不面对一些额外的"花销"，如企业关于安保的支出等。

对于出海墨西哥的中国企业，特别是制造业企业，面临的更大挑战是成本。除了运费优势和关税优势，墨西哥的水电、人工和管理效率、原材料、物流等一切成本都比在中国时高出一截，一直被中国制造业视为制胜法宝的"极致成本效率＋高性价比"，在墨西哥却行不通。

墨西哥政府发布的数据显示，依据不同的制造业细分领域及工人的技能层次，墨西哥制造业从业人员的月薪范围大致在 400 美元至 1 000 美元（约合人民币 2 920 元至 7 300 元）。相比之下，在中国，这一数据约为 620 美元至 930 美元（约合人民币 4 526 元至 6 790 元）。如果再把墨西哥要求的"法定最低工资每年要上浮 20%""企业盈利后每年要拿出 10% 的利润给所有员工分红"等因素考虑在内，加上墨西哥工人工作效率和出勤率低下等现实问题，就会发现"人力成本低"绝对是中国企业对墨西哥最深的误解。

《财经》杂志的记者在墨西哥深度调研之后不禁感叹："初来乍到者会感觉墨西哥遍地是商机，但深入其中之后，中国制造企业发现，有钱、舍得花钱、愿意接受至少三年的亏损，这是立足墨西哥的前提。墨西哥，这个文化迥异于东亚的西班牙语拉美国家让许多中国制造企业意识到，在全球化之路上，自己还只是蹒跚学步的孩子。"

多位出海领航团队成员曾经在墨西哥工作，在 2013 年前后就曾前往蒙特雷，调研在本地投资的可行性。在出海领航团队的视野中，墨西哥可能是政治经济政策走向最难以预测的国家之一，其中最大的不确定因素就是美国对墨西哥的影响。

美国的影响力在墨西哥无处不在，已经渗透到墨西哥社会的方方面面。

2024 年 4 月，墨西哥政府宣布对非自由贸易协定贸易伙伴上调涉及钢铁、铝材、电气材料等多种进口产品的关税，税率为 5% ～ 50%。中国是墨西哥的非自由贸易协定贸易伙伴，出口墨西哥的上述产品都遭受到关税上调。

2024 年 7 月，美国和墨西哥又宣布一项新措施，实施所谓"北美熔化和浇注"的钢铁标准，阻止通过墨西哥运输产品的外国企业规避美国对于钢铁和铝征收的关税。

最新的美国总统选举结果是特朗普再次入主白宫。在竞选活动中他就声称："如果赢得 2024 美国大选，将对中国企业在墨西哥生产的汽车征收 100% 的关税，让中方无法在美国销售这些汽车"。

2026 年，USMCA（美墨加协定）的第一次审核也将可能带来新的变数和风险。

USMCA 中规定了"日落条款"：即从生效日起的 6 年后，三个国家将重新审查这项协定，可以选择将其延长或终止协定的实施。

美国与墨西哥在签订"美墨加协定"时，曾规定墨西哥向美国输送的汽车和零部件上限，轿车为 260 万辆，零部件价值 1 080 亿美元。随着中国汽车供应链在墨西哥的加速落地，这一额度有可能在 2025 年触及上限。2023 年时这两项指标分别是 179 万辆和 346.9 亿美元，如果 2026 年出口额超标，墨西哥将不确定是否还能保留最惠国待遇。

对中国企业而言，墨西哥到底是中国企业的投资热土，还是潜在的投资陷阱，还需要假以时日才能找到属于自己的答案。

在全球经济风云变幻之际，经济全球化态势正悄然向"本地化"与"近岸化"的趋势演进。除了墨西哥，东欧的匈牙利、北非的摩洛哥、中亚的乌兹别克斯坦，亦在重要的区域市场扮演着"中转要塞"或"枢纽门户"的角色。

面对此番格局之变，中国企业只能审时度势，灵活调整策略，于市场夹缝中辗转腾挪，在高度不确定的全球市场中抓住有限的确定性。

• • • •

2024 年出海领航团队躬身入局，走向海外，深度调研年度十大海外重点目标市场中的八个国家，最大的感受就是全球市场日益碎片化，越来越复杂。加之特朗普重新回归，必将为全球市场环境带来更大的变数。

这与出海领航 2024 年度《百家中国制造企业出海调查报告》揭示的中国企业海外五大挑战不谋而合。调研显示：中国企业海外业务发展中面临的五大痛点问题分别是：

风险多：世界各国政策法规及监管复杂多样，合规性要求高；

看不清：海外各区域业务运作模式极其复杂，差异极大；

融入难：文化环境差异和沟通障碍，严重影响中国企业融入本地程度；

管不住：缺乏有效管理手段确保海外业务按质按效落地；

韧性差：海外供应链韧性差，缺乏灵活性和敏捷度。

　　新的世界政治经济版图之下，中国企业的出海之路不是越来越简单，而是难度越来越高。全球化征程的本质是场动态博弈，没有一把万能钥匙可以打开所有的海外市场，也没有一条捷径可以直达胜利的彼岸。出海企业只有不断修炼自己，将组织能力淬炼为破壁利刃，让自己变成解决问题的那把万能钥匙；出海企业只有躬身入局，用脚步丈量世界，持续提升对海外市场的认知深度，才能走出一条迈向全球市场的坦途！

第二章

产业

—— 大国新质

新时代的浪潮汹涌澎湃，中国正以崭新的姿态屹立于世界舞台，在中国产业升级的征途上，新质生产力的蓬勃发展成为推动国家前行的强大引擎。

新能源产业链作为新质生产力的代表，在国家新能源产业政策的引导下，一大批优秀企业抓住机遇，以技术优势推动产业提速发展，抢占行业科技创新制高点，重塑了新能源行业竞争格局，从"跟随者"迈入"领航者"行列。

这些优秀企业不仅在国内市场独领风骚，更扬帆出海，在全球市场攻城略地，成为全球市场一支不可忽视的强大力量。

美国《纽约时报》的一篇评论文章指出，2022 年全球生产的太阳能电池片和硅片有 90% 来自中国，2023 年全球 60% 以上的风力涡轮机在中国制造，全球 60% 的新能源汽车是中国新能源汽车。美国的趋势则完全相反。2004 年美国在全球太阳能产业中的份额为 13%，而 2023 年这一比例已降至 1% 以下。

2024 年年底，国际能源署发布了 2024 年度《世界能源展望》和《可再生能源报告》，认为全球能源市场正进入由中国引领的"电力时代"。国际能源署署长法提赫·比罗尔称："当今世界几乎所有的能源故事都是中国故事……"

也许，正是由于中国新能源产业的强势崛起，传统的优势国家感觉到自己的"奶酪"被人动了，美国对中国的新能源产业链连续发起极限施压，欧洲也祭出多种贸易保护手段，中国新能源产业链正在遭遇前所未见的全球围堵。

这是一场关于科技、关于未来的较量。

2.1 新质生产力：向"新"而行，以"质"致远

当地时间 2024 年 7 月 26 日到 8 月 11 日，第 33 届夏季奥林匹克运动会在法国巴黎成功举办。

此番代表中国亮相奥运赛场的，不仅有数百名运动员，更有众多凝聚着中国智慧与创新的产品和技术。

从开幕前夕的"赛博烟花"到赛场上的 LED 大屏幕，从奥运选手身上的智能装备到融合了法国风情与奥运精神的吉祥物"弗里热"，从乒乓球赛场上采用自带芯片的可变灯光系统的球台到小轮车赛场上将精彩瞬间完美定格的"子弹时间"技术……乘着巴黎奥运会的东风，一场气势恢宏、壮丽非凡的新出海热潮正由中国企业引领掀起，这正是中国新质生产力创新活力的最佳写照。

从智能硬件与新能源汽车等先进制造业领域，到移动互联网与跨境电商等数字经济范畴，这些都是中国产业结构调整与转型升级取得的显著成果。

所谓"新质生产力"，顾名思义，就是相较于传统生产力而言的一种新型生产力形态。自改革开放以来，我国的经济发展曾经历了一段迅猛增长的时期。然而，伴随着高质量发展全新阶段的到来，昔日那种单纯依赖资源要素大规模投入的驱动模式已然难以为继。

简单来说，新质生产力就是数字时代下，以创新为主导，为摆脱传统经济增长方式、生产力发展路径，而产生的具有高科技、高效

能、高质量特征，且符合新发展理念的先进生产力质态。

这里的"新"主要体现在新产业、新模式、新动能等方面，是科技创新和产业转型升级推动的结果；而"质"的层面，则着重于质量、本质、品质等，这些正是新质生产力的核心差异与独特优势。

"新"与"质"的内涵，与科技创新，尤其是战略性新兴产业的蓬勃发展彼此交织，紧密相连，共同构筑起推动社会进步和经济跃升的强大引擎。其核心精髓在于深度整合科技创新资源，精心培育战略性新兴产业，同时以前瞻性的视野布局未来产业，勇于开辟发展的新领域与新赛道，从而塑造出驱动发展的新动能与新优势。

新质生产力包括八大新兴产业，即新一代信息技术、新能源、新材料、高端装备、新能源汽车、绿色环保、民用航空、船舶与海洋工程装备。这些领域都是当前和未来经济发展的重要方向，具有广阔的市场前景和巨大的发展潜力，正逐步成为推动经济社会全局和长远发展的核心力量。

除此之外，中国官方还提出了作为新质生产力发展方向的九大未来产业，即元宇宙、脑机接口、量子信息、人形机器人、生成式人工智能、生物制造、未来显示、未来网络、新型储能，这些领域具有高度的创新性和前瞻性，是未来经济发展的重要引擎。

具备高科技含量、高效能表现及高质量标准的新质生产力出海，正在成为中国企业全球化战略部署中的核心要素。

在中国企业出海的浪潮中，绿色低碳和智能制造日益凸显为新的风向标与核心竞技场。代表着新质生产力的中国企业，凭借在绿色能源、绿色出行及智能物联网等领域的领先地位，极有可能成为新一代跨国公司的典范。

在新能源领域，中国产业发展迅速，新能源汽车、锂电池及光伏产品已成为备受瞩目的"新三样"，持续展现出强劲的出口增长势头，2023年我国"新三样"出口首次突破万亿元大关。

截至2023年年底，在我国汽车出口中，新能源汽车占据了四成比例，意味着每出口10辆汽车即有4辆为新能源汽车；在轨道机车出口方面，电力机车占比高达七成，即每出口10辆轨道机车中就有7辆为电力驱动；在我国出口的蓄电池中，锂电池的比例接近九成；中国光伏产品的全球出货量已连续16年稳居榜首，且多晶硅、硅片、电池片及组件等关键产品的产量与产能在全球市场的占比均超过了80%。

新产业、大赛道促成一大批优秀企业的强势崛起。锂电池领域诞生了宁德时代、国轩高科、亿纬锂能等优秀企业；光伏领域出现了隆基绿能、晶科能源、晶澳科技、天合光能等领军企业；新能源汽车领域冲出了比亚迪、吉利汽车、"蔚小理"等头部企业。不仅如此，整个新能源产业链上催生了一大批极富竞争力的优秀企业，从中国阔步走向全球，快速成为富有全球竞争力的跨国公司。

据《中国锂电产业链企业出海战略研究报告（2024年）》数据，

截至 2024 年 6 月，中国锂电池产业链上的公司已公布的海外总投资额累计达到 5 648 亿元人民币，其中欧洲是中国锂电产业链企业主要出海目的地，占比达到 37%；其次为东南亚地区，占比为 19%；美国市场的投资额占比仅为 10%。

光伏产业链 2023 年海外在建项目总投资额累计超过 350 亿元，这些项目主要聚焦于光伏组件，地理分布上多集中在东南亚和美国等区域。

海外新能源汽车市场的良好前景和丰厚回报，成了推动汽车制造企业向海外扩张的强大动力。领先的整车制造企业海外总投资额已超过 913 亿元，投资主要瞄准了东南亚及南美等具有增长潜力的新兴市场。

伴随全球新能源产业的蓬勃发展，我国出口以"新三样"（产业链长、辐射广、带动效应显著）为首的绿色低碳产品，不仅为全球市场增添了多样化的供给选择，有效减轻了全球通货膨胀的压力，还在全球应对气候变化和推动绿色转型方面发挥了举足轻重的作用。

2.2 锂电池：从跟跑到领跑

在新能源浪潮迭起的时代背景下，中国锂电正以破竹之势，引领着全球锂电产业链供应链格局的重塑与革新。

2024 年，中国锂电池的全球出货量已攀升至 1170 吉瓦时，占据了全球市场 70% 以上的份额。

短短十余年，锂电行业发生了翻天覆地的变化，从欧美地区的率先起步，到日韩国家的迅速发展，再到中国企业的异军突起并后来居上。

中国锂电池企业如雨后春笋般涌现，它们从零开始，逐渐发展壮大，共同书写了中国锂电行业的辉煌篇章。

2.2.1 星星之火，可以燎原

近三十载全球锂电产业的沧桑巨变，就是一部中国锂电行业逆袭史和中国新兴产业狂飙突进的生动写照。

锂离子电池的概念最初于 20 世纪 70 年代，由美国密歇根大学的杰出学者约翰·B. 古迪纳夫（John B. Goodenough）教授及其研究团队提出。

首先实现锂离子电池商业化应用的却是日本。1983 年，日本材料化学领域的领军企业旭化成公司的专家吉野彰，创造性地以碳材料替代金属锂作为锂电池的负极材料，首个具备商业化潜力的锂离子电池设计原型就此诞生。在此基础上，索尼公司于1991年正式推出人类历史上首款商用锂电池，锂电池商业化应用大幕就此开启。

诞生之初，锂电池主要被用于照相机、便携式计算机、MP3及手机等消费电子领域，在松下、东芝、三洋等企业的推动下，日本锂电池年产能激增，占据全球市场的近90%。

与此同时，韩国企业也发现了该领域的巨大潜力。1998年至1999年，LG、三星SDI先后踏入锂电池领域。LG成为全球最早量产三元正极材料的公司，三星SDI则相继开发了1 800毫安圆柱电池、2 400毫安便携式计算机圆柱锂电池等具有时代意义的产品。到了2010年，在锂电池领域，日、韩两国企业分别占据全球市场份额的50%、30%。

中国企业也在悄然崛起。

1995年，中国电子科技集团公司第十八研究所研制出了我国第一款锂离子电池；同年，王传福创立了比亚迪公司，并于2000年进军锂电池领域；1997年，天津市政府联合多家国有投资机构创立了当时国内投资规模最大、自动化程度最高的锂电池生产企业——天津力神；1999年，陈棠华、张毓捷和曾毓群创立了主营消费电子产品电池业务的新能源科技有限公司（Amperex Technology Limited，ATL），2008年，ATL成立了动力电池部门，这就是宁德时代的起点；2001年，李向前在深圳成立了比格电池，主要经营电池研发、制造与销售业务。

比亚迪、天津力神、ATL 与比格电池，被称为中国锂电"四大鼻祖"，它们的成立为这一领域的快速发展注入了强劲动力。此时，中国企业刚刚拿到入场券，还没有机会上台表演。

很快转机便来了。2009 年，中国科技部、财政部、发改委、工业和信息化部共同启动了"十城千辆"项目，国内新能源汽车市场迎来了前所未有的爆发式增长。这一趋势极大地推动了锂电池需求的激增，成为推动整个锂电产业迈向新高度、迎接终极挑战的转折点。

在正式亮相全球舞台之初，中国企业面临着严峻的挑战。2010 年，国内动力电池行业的领军企业的产品成品率尚停留在 60% 的水平，与之形成鲜明对比的是，日本和韩国的同行们已达到了 90% 以上。

2011 年此局势迎来了转折，《外商投资产业指导目录》正式出台，这一政策如同一股强劲的东风，为国内动力电池厂商赢得了宝贵的喘息空间和发展机遇。

同年，曾毓群做出了一个具有深远意义的决策，他将 ATL 的动力电池业务进行剥离，并在此基础上创立了宁德时代新能源科技有限公司（CATL）。一代"宁王"就此起步。巅峰时期，宁德时代占据了动力电池市场的半壁江山，市场份额高达 50% 左右。

受惠于政策扶持的东风，以及新能源汽车行业的崛起，中国锂电池行业很快实现了加速超越，在时代的浪潮中迎来了蓬勃发展的黄金时期。2017 年，宁德时代在全球范围内的出货量跃居首位，一个以其为核心的锂电产业链逐渐形成并趋于成熟。

除了政策红利和市场规模，中国企业在知识产权保护、研发投资及产品质量把控等多个维度上，均展现出了非凡的实力，相关专利申请量遥遥领先于日韩两国。同时，在安全性、续航里程及快充技术等关键性能指标上，中国锂电产品已经跻身国际先进行列。

2.2.2 "谁到海外，谁就是公司的英雄"

在连续多年的迅猛扩张后，中国锂电产业遭遇了产能过剩及"价格战"的双重挑战。根据工业和信息化部最新发布的数据，2023 年度全国锂电池总产量已超过 940 吉瓦时，较上一年增长了 25%，尽管这一数字依然彰显出锂电池行业强劲的增长态势，但其增速已呈现放缓趋势。

在产能利用率方面，我国锂电池行业的整体产能利用率已经下滑至 40% 以下。头部企业的产能利用率尚能保持在 50% 以上，而中小企业的产能利用率则普遍低于 30%。为在国内有限的市场中占据一席之地，锂电池领域的"价格战"愈演愈烈，致使锂电池的价格相较于 2023 年同期近乎减半。

在此背景下，进军更为辽阔的全球市场，已成为中国锂电池产业的一致抉择与行动方向。

根据韩国 SNE Research 发布的数据，2024 年 1 月至 7 月，在中国以外的全球市场中，宁德时代动力电池装车量的市场份额达到了26.9%，而动力电池全球龙头 LG 新能源为 26.2%。

2024 年年初，宁德时代董事长曾毓群发出了一封"出海动员信"。在这封信中，曾毓群表示，虽然 2023 年宁德时代的海外市场份额已经追平了 LG，但"仍有较多的空间"。

宁德时代将全体员工计算机显示屏的背景统一更换为一条鼓舞人心的口号："谁到海外，谁就是公司的英雄！走出去，到海外去！"

宁德时代的全球化战略蓝图明确且充满活力，具体体现在以下几个关键维度。

首先，海外市场影响力与增长动力显著。宁德时代已与 LG 新能源在全球市场中并驾齐驱。2023 年，宁德时代在中国以外的全球市场占有率攀升至 27%，彰显了其在国际舞台上的强劲竞争力。

其次，海外产能布局全面展开。截至 2024 年上半年，宁德时代已在德国、匈牙利、西班牙、印度尼西亚及泰国等地规划了八大海外生产基地。

最后，国际合作与战略联盟不断深化。2024 年 5 月，宁德时代与法国达飞海运集团达成合作，共同探索温室气体减排方案，推动可持续发展进程。同时，公司还与近 20 家欧美汽车制造商就技术许可协议进行积极磋商，力图通过技术开放与合作，加快其全球化步伐。

在技术开放与合作模式方面，宁德时代秉持"开放式创新"理念，推出"LRS"（即许可、授权与服务）模式，助力主机厂及电池厂商快速提升电池生产能力。

在管理层与组织架构方面，宁德时代四位联席总裁各自负责不同的海外区域，直接向首席执行官汇报，形成高效的海外管理体系。同时，公司内部高举海外扩张的鲜明旗帜，激励士气。

2024年6月中旬，出海领航团队专程赴宁德时代第一家海外工厂——德国图林根生产基地（CATT）现场调研。

从慕尼黑一路驱车向北4个多小时，就到达了德国中心地带图林根州埃尔福特市附近一座静谧的小镇阿恩施塔特（Arnstadt），宁德时代德国图林根生产基地（CATT）就坐落在这座小镇附近。

CATT主要包含两个部分：G1是从博世公司购买的厂房，用于将电芯组装成模组；G2是新建的厂房，用于生产电芯。

CATT于2019年开工建设，计划为当地提供2 000个就业岗位。目前，该生产基地的年电池产能为8吉瓦时，宁德时代已计划通过18亿欧元的总投资，将其产能提升至14吉瓦时，以满足约28万辆电动汽车的电池需求。

CATT2023第三季度便开始了电池模块的生产，但主要依赖从中国进口的电池部件。

如今，随着本地化供应链的建立和完善，宁德时代已能在欧洲本土实现电池的全面生产。

2024年4月，图林根州向宁德时代颁发了电池生产许可证，标志着其电池产品已顺利通过质量验证，并达到了与中国本土生产电池同等的高品质标准。

同月，宁德时代德国图林根工厂获得了大众汽车集团模组测试实验室及电芯测试实验室双认证，成为全球首家获得大众集团模组认证、欧洲首家获得大众集团电芯认证的电池制造商。此次认证是国际一流车企对宁德时代测试验证能力，以及技术实力和质量管理水平的高度认可，也是对宁德时代深耕全球市场、服务全球车企战略的充分肯定。

当出海领航团队抵达宁德时代德国图林根工厂的时候，映入眼帘的是工厂有序运营，设备高效运转，与欧洲几大车企的合作顺利推进。显然，经过数年的艰苦努力，整个工厂的运行已经进入了非常良性的状态。

除了宁德时代，国轩高科、亿纬锂能、蜂巢能源、孚能科技、远景动力、中创新航等企业同样在海外市场拓展方面动作频频，纷纷赴海外设厂。

从锂电领域的全球化布局来看，虽然和松下、LG新能源、三星SDI、SKI等日韩巨头相比，中国企业还存在一定差距，但是其迅猛的发展速度已足够让人刮目相看。

中国电池企业的海外投资规模蔚为壮观，其中，欧洲以外，东南亚地区成了中国锂电产业链企业海外拓展的首选之地。

在东南亚区域，泰国、马来西亚及印度尼西亚等国家正日益崛起，成为中国企业扬帆出海、开拓海外市场的崭新焦点。

在全球能源转型的浪潮中，中国锂电池产业链企业正扮演着愈发举足轻重的角色，迎来前所未有的发展契机。

2.2.3 一场注定的"硬仗"

尽管国内锂电池企业在技术、产品、生产流程、成本控制及产业链整合等方面形成了全面的优势，但在走上全球市场竞争的舞台时，他们仍需应对一系列既有共性又具个性的挑战。

在进入欧洲市场的早期，宁德时代把"所有能踩的坑都踩了"：德国工厂投产时间延误了一年半，生产成本远超预期，这主要归因于当地高昂的用工成本和材料采购费用。

在用工上，德国工程师的薪资水平约为中国同行的三倍，同时，在德国招聘具备锂电池行业经验的工程师非常困难。供应链构建方面更是挑战重重，德国工厂的材料采购成本比中国高出约40%。尽管宁德时代在2023年已着手推动核心供应商"出海"，但成效有限。为此，宁德时代已经开始考虑在海外建立电池材料厂，以期更好地应对这些挑战。

锂电池企业在"出海"征途中，面临的挑战远不止于供应链管理、文化差异等运营层面的难题，更大的挑战来自政策法规、技术标准及国际竞争等多重复杂因素。

随着产业影响力的日益增强，针对中国锂电池企业，欧美国家动作频频：2022 年 8 月，美国总统拜登签署了《2022 年通胀削减法案》，为购买新能源汽车的美国消费者提供高达 7 500 美元的税收抵免，但设置了严格的条件，其中搭载中国产电池的电动车被排除在补贴范围之外。

2023 年 8 月，欧盟正式启用了《新电池法》，作为全球首个强制性要求产品碳足迹标注的法规，它为进入欧洲市场的电池设立了严苛的标准，对动力电池足迹声明、性能等级、限值及材料回收利用等方面做出了明确要求，为中国电池进入欧洲市场设立了较高的门槛。

对于政策变化带来的巨大危机，宁德时代深有体会。为进军庞大的美国市场，2022 年，宁德时代曾计划在北美自贸区的墨西哥或加拿大建电池厂，但伴随《2022 年通胀削减法案》的出台，宁德时代不得不改变了策略。自 2023 年起，宁德时代开始与美国车企洽谈技术授权合作。

2023 年 2 月，福特宣布与宁德时代合作，在美国密歇根州建立磷酸铁锂电池厂，福特拥有工厂，宁德时代负责筹建运营并提供技术授权。即便如此，该合作依然困难重重，合作消息被公布之初，就有美国政客呼吁拜登政府对双方技术转让条款进行严格审查。

　　复杂多变的产业政策和认证体系要求海外布局的中国锂电企业紧密追踪并深刻理解相关法规的最新进展，清晰界定自身在法规框架下的合规职责，积极筹备并提交必要的资料和认证，这一过程中产生的合规成本极为高昂。

　　市场是多重因素复杂交织的综合体现，不仅受政策导向的影响，锂资源的开采状况、国际市场的价格波动，乃至国际局部地区的政治局势变动，均会对锂价及其原材料价格的起伏产生显著作用，从而给中国锂电企业出海带来很多潜在风险。

　　即使顶着重重风险，中国锂电企业仍坚持出海布局，这与国际市场的巨大机遇不无关系。随着欧洲、美国等地电动车市场渗透率的持续攀升，本土锂电池产能却显现出显著的缺口。短期内，海外汽车制造商对中国企业的依赖性依旧显著，这无疑为中国企业扬帆出海提供了最为有利的条件。据调查，2023 年，美国某家储能企业向中国电池制造商订购的储能电池规模，已达到 2022 年美国全年储能装机总量的数倍之多。

　　中国锂电企业的出海征程，本质上是对其综合竞争力的一次严峻考验。鉴于新能源汽车产业链与供应链的天然国际化属性，中国锂电企业的海外拓展不仅是企业自身竞争、生存及发展的迫切需求，更是推动企业乃至整个产业迈向全球化的必经之路。随着海外市场加速供应链本土化进程，置身于复杂多变的国际政治背景与行业生态之中，提升对各种突发情况的应变能力，成了中国锂电企业竞争力不可或缺的一环。

从聚焦于产品出口，到实现产能出海的全球化战略部署，这注定是一场艰苦的"硬仗"。

企业需要从多维度着手，力求最大限度地规避"出海"过程中的各类风险。这意味着，企业需精通全面而科学的战略规划与评估，深入洞察目标市场，精心策划海外布局，优化组织结构管理，积极搭建与当地政府及国际贸易组织的沟通桥梁，深化国际交流与合作。同时，在遭遇困境时要保持冷静与果敢，勇于克服困难，迅速制定并执行有效的应对策略。

2.3　新能源汽车：换道赛车

工业和信息化部原部长苗圩在《换道赛车：新能源汽车的中国道路》一书中，讲述了这样一段经历。

2009 年，中国汽车首次实现年产超 1 000 万辆的历史性突破。庆祝仪式上，苗圩部长说道："目前中国已经是汽车大国了，但并不是汽车强国。我认为中国成为全球汽车强国有三个关键标志：一是拥有产销规模进入全球前列的汽车企业；二是具备自主专有技术并引领全球汽车产业发展；三是产品不仅满足国内市场需求，还能批量出口并在国际市场上占据一定份额。"

15 年之后，至少在新能源汽车领域，中国汽车已经是当之无愧的全球领导者——2024 年 11 月 14 日，当年中国新能源汽车 1 000 万辆达成庆祝活动在武汉举行，中国新能源汽车以年产销 1 000 万辆的"加速度"引领全球汽车产业转型升级。

中国从生产第一辆新能源汽车到第 1 000 万辆，用了 27 年时间；从第 1 000 万辆到突破 2 000 万辆，用了 17 个月；此次则是用了不到 11 个月，就在 2024 年首次达成年度产销 1 000 万辆。

这是一个醒目的里程碑：中国新能源汽车抓住机遇，赢得战略主动，重塑全球汽车产业竞争格局，通过技术优势，推动产业提速发展，从"跟随者"迈入"领航者"头阵。

曾几何时，以丰田、本田和日产等为代表的日系汽车在中国市场占据重要位置，中国汽车产业一直在模仿与学习的曲折道路上蹒跚前行。时至今日，中国新能源汽车的蓬勃兴起，正悄然改变着这一市场和技术格局。

有日本媒体曾联合新潟国际汽车大学校、板垣金属等多家顶尖机构对极氪007进行"自主的拆解调查"，其主要目的在于深入了解极氪007的技术特点、设计、材料使用、制造工艺和供应链能力等，他们希望通过拆解能够对极氪007在市场上的竞争力进行全面评估，并以此为基础，助力日本汽车企业获得对中国新能源汽车直观而全面的认知。

不仅是极氪007，中国的五菱宏光MINI EV，比亚迪汉EV、唐DM、海豚、元PLUS等车型均受到了日本传媒界、学术研究机构及汽车制造商的热烈追捧，它们被竞相拆解，几乎被"研究了个底朝天"。

2.3.1 全球汽车工业版图的重塑

汽车工业起源于欧洲，最早可以追溯到19世纪末和20世纪初。1885年，德国发明家卡尔·本茨设计和制造了世界上第一辆实用的内燃机驱动的三轮汽车，标志着现代汽车工业的诞生。随后，法国、意大利、英国等国家也相继创立了汽车制造厂，推动了欧洲汽车工业的发展。

1908 年，美国的亨利·福特推出 T 型车，并采用流水线的生产方式大幅降低了汽车的生产成本，成功将汽车带入寻常百姓家，使美国率先成为"车轮上的国家"。之后，随着通用汽车公司、克莱斯勒汽车公司等企业的崛起，美国汽车工业实现进一步发展。

此时，欧美地区在全球汽车工业版图中的核心地位已初步形成。之后，两次世界大战使得汽车技术实现了飞跃式发展，汽车产量显著提升，美国在第二次世界大战后成为全球汽车工业的领军者。

20 世纪中叶，全球汽车工业重心转向亚洲。日本战后将汽车工业视为重建经济的关键，丰田、本田、日产、马自达、铃木等大批汽车制造商在这一时期迅速崛起，成为日本汽车工业的中坚力量，凭借高质量、低油耗等特点，日系车备受欢迎，日本跃升为全球汽车生产和出口大国。

韩国的汽车工业紧随其后，在政策的扶持下进入快速发展阶段，现代、起亚、双龙、雷诺三星等诸多品牌开始在国际市场崭露头角，逐步发展成为全球主要的汽车生产国之一。

进入 21 世纪以后，随着全球能源短缺问题愈发严峻及环境污染的不断恶化，新能源汽车逐步崛起，成为汽车工业领域内一股崭新的潮流。

诸多中国汽车制造商以敏锐的洞察力捕捉到了这一市场良机，纷纷在新能源领域加速布局与拓展。除了一汽、东风、上汽、长安汽车、吉利汽车、奇瑞汽车、广汽集团等传统汽车企业向新能源积极转型，还涌现出了比亚迪、蔚来汽车、小鹏汽车、理想汽车等一系列新兴汽车企业。

在新能源汽车的竞技场上，中国汽车企业正在上演一出超越大戏。据中国汽车工业协会数据，中国新能源汽车连续多年稳居全球销量榜首，且增速惊人，2014 年，中国新能源汽车销量约为 7.5 万辆，这一数字到了 2024 年便超越千万级，占到全球新能源汽车销量的 60% 以上。

新能源汽车的发展在 20 世纪就有多次尝试。美国通用曾推出一批新能源汽车，数年之前欧洲的汽车企业高管曾判断新能源汽车十年之内难以形成市场，因此新能源汽车研发停滞。

中国新能源汽车企业在国家产业政策的正确引导下，持续大手笔投入电池技术研发、基础设施建设、产业链建设，这让中国新能源汽车产业蓬勃发展，产业化和商品化取得突破，形成了技术、成本、充电设施的绝对优势。

汽车行业是一个规模效应行业，年产销突破 1 000 万辆表明新能源汽车已具备了自我繁殖的体质。有了产业规模作为基础，技术迭代将变得更快，一个产业有了很好的正向循环后，会进行更积极的自我技术突破。1 000 万辆的产销量也会带来光环效应，全球只要提及新能源汽车，就会联想到中国，这对各新能源产业链企业来说，都是最大的品牌背书。

中国新能源汽车在产业化、市场化的基础上迈入了规模化、全球化的高质量发展的新阶段，优秀的汽车企业走向海外，进入全球发展模式已是必然选择。

2.3.2　出海集结号

复盘中国汽车工业的出海历史，以 100 万辆和 200 万辆为临界点，可分为发展期、震荡期和爆发期三个阶段。

发展期（2000 年—2011 年）：总量始终低于 100 万辆，以主打性价比的紧凑车型为主，主要聚焦欠发达市场。

2001 年中国加入世界贸易组织（WTO），奇瑞、吉利、长城等汽车企业拉开了国产车出海的序幕，中国汽车出口量从 2001 年的 2 万辆增长至 2011 年的 85 万辆，10 年间增长超 40 倍。在这一阶段，中国汽车出口的目的地主要是欠发达地区，主要车型是主打性价比的紧凑车型，总量始终无法突破 100 万辆。

震荡期（2012 年—2020 年）：总量在 100 万辆附近波动，SUV车型出口占比提升，还是聚焦在发展中国家市场。

2012 年中国汽车出口突破 100 万辆，但从 2013 年开始汽车出口量并没有实现进一步突破，一是由于部分新兴经济体（如伊朗和俄罗斯）的宏观经济形势和政治因素变差，汽车需求量减少；二是人民币汇率升值影响了出口汽车的经济性；三是海外市场竞争日趋激烈，

2010 年日本汽车出海步入收获期，而日本出海车型以紧凑型和 SUV 为主，与中国汽车高度重合且产品力更强。

爆发期（2021 年至今）：总量突破 200 万辆，燃油车和新能源汽车同步爆发，开始进入发达国家市场。

2021 年国产车迈入出口"高光期"，全年出口突破 200 万辆，至 201.5 万辆，同比增长超一倍。据中国汽车工业协会数据，2023 年中国实现汽车出口 491 万辆，正式超越日本成为全球第一大汽车出口国。到了 2024 年，中国汽车出口量已突破 640 万辆，稳居全球首位。

中国汽车出口迎来了结构性升级，呈现出了三大显著趋势：首先，新能源汽车成为出口增长的核心引擎，2024 年新能源车型在汽车出口总量中的占比突破 40%，且这一比例仍在持续攀升；其次，自主品牌主导地位进一步巩固，2024 年自主品牌出口占比已超 80%；再次，出口产品结构不断优化，单车出口均价从 2018 年的 5.5 万元跃升至 2023 年的 12 万元，中高端化趋势日益明显。

这一系列数据表明，中国汽车出口正在实现从"量变"到"质变"的跨越式发展。以奇瑞、比亚迪、吉利为代表的自主品牌在全球市场崭露头角，不仅销量快速增长，品牌影响力也在显著提升。其中，奇瑞汽车作为中国汽车出海的先行者，已连续 21 年蝉联自主品牌出口冠军。

奇瑞的国际化进程可划分为三个阶段：2001 年实施"走出去"

战略，通过贸易方式在中东、北非等发展中国家建立销售服务网络；2014 年以巴西工厂建成为标志，开启"走进去"阶段，深耕巴西、俄罗斯等新兴市场，完善属地化运营体系；2020 年实施"走上去"战略，加速布局欧美主流市场，向全球化汽车品牌迈进。这一渐进式发展路径为中国汽车企业国际化提供了宝贵经验。

比亚迪以广泛的市场布局和大手笔的海外投资，在海外市场后来居上。目前比亚迪成功地在美国、欧洲、澳大利亚等多个国家和地区构建了全面的销售网络，其新能源汽车已遍及全球 88 个国家和地区，400 多个城市。根据比亚迪 2024 年财报数据，2024 年上半年，该公司新能源汽车在海外市场的销量实现了显著增长，新能源乘用车出口量高达 20.3 万辆，与去年同期相比激增 173.8%，彰显了比亚迪在全球市场上的强劲扩张势头。

中国汽车出口已遍布六大洲，超 100 个国家和地区。行走在世界各地，除了极少数国家，中国汽车的身影已经无处不在。

2024 年 6 月，出海领航团队前往泰国调研汽车市场，几乎走访了所有在泰国开展经营的中国汽车企业，可以看到中国汽车尤其是新能源汽车正在东南亚市场强势崛起。

一出曼谷素万那普机场，上汽名爵汽车和比亚迪等中国汽车品牌的广告牌扑面而来，抢占了品牌声量制高点，声势夺人。

在曼谷街头和去往泰国东部经济走廊的公路两旁，也能够看到中国汽车品牌的巨幅路牌广告，十分醒目。

在泰国，中国汽车品牌带有市场进入期的典型特征：品牌投入和渠道扩张的力度很大，产品的可见度在日渐增加。

无论是曼谷的街头，还是从曼谷南下的公路上，绝大部分还是以丰田、本田为主的日系车和多种品牌的皮卡，中国品牌汽车的身影如惊鸿一瞥，偶尔掠过。

目前，中国汽车企业已经在泰国蓄势发力，开展了全面的布局。一大批车型已经上市，还有一批来自中国的车型正在谋划在泰国市场密集投放。

用某汽车企业高管的话说："虽然我们的产品还没有在泰国正式投放，但是我们已经邀请了数百位潜在经销商、媒体人士、KOL人员多次访问中国……"

中国汽车企业在泰国的增长态势，主要来自新能源汽车的强劲发力，具体表现在以下几个方面。

第一，市场份额显著增长。

根据泰国新能源汽车协会的统计，2023年泰国新能源汽车注册登记量年增长约690%，其中大多数为中国品牌汽车；

2023年，中国汽车品牌在泰国纯新能源车市场的占有率高达70%至80%，销量前四名均为中国汽车品牌，在前十名中，中国汽车品牌占据了 8 个席位；

根据《泰国汽车生活》（AUTOLIFETHAILAND）的数据，2024年上半年泰国新能源汽车销量中，中国部分汽车企业取得了显著的成功，在 TOP10 品牌榜中，除了宝马和特斯拉，其余 8 个品牌均来自中国；

在 TOP20 车型榜中，中国车型占据了 16 席，如海豚、海鸥、哪吒 V、深蓝 S07、五菱 Air EV 等。

第二，投资建厂与产能布局。

已有 7 家中国汽车企业进入泰国市场并计划实现从规划、生产到销售的闭环，包括比亚迪、上汽名爵、长城汽车、哪吒汽车、广汽埃安、长安汽车和奇瑞汽车；

这些汽车企业将泰国作为自己右舵车的生产基地，并逐渐形成辐射东南亚及澳大利亚、新西兰的市场格局。

泰国消费者普遍喜欢中国品牌新能源汽车的造型、高科技感及高性价比，泰国新能源汽车生态系统的持续发展也使得普通消费者对使用纯新能源汽车的信心和需求快速提升。

不仅是整车厂，汽车产业链相关企业也已经在泰国展开了深度布局。汽车产业链相关企业不仅为中国汽车企业进军泰国提供了有力的支持，自身也深度融入本地产业链。他们虽然不如整车企业声名赫赫，但作为产业链关键环节上的关键企业，也发挥了不可替代的作用。

当然，中国汽车企业在以泰国为代表的东南亚市场也存在以下一些显而易见的挑战。

第一，市场竞争激烈。

越来越多的中国汽车企业扎堆进入泰国市场。据统计，已有多家中国汽车企业在泰国投资建厂，包括比亚迪、长城、上汽等。这些企业在泰国市场的份额逐渐增加，但也带来了"价格战"的隐忧。激烈的市场竞争可能导致汽车企业不得不通过降价等手段抢占市场份额，从而影响企业的盈利能力和长期发展。

第二，产能巨大与市场容量相对较小。

中国汽车企业在泰国市场的规划产能规模庞大，而且目前中国企业参与竞争的领域主要在新能源汽车，可能导致中国汽车企业之间的竞争愈发激烈甚至形成"内卷式"竞争。这可能导致汽车企业面临库存积压、销售不畅等问题，增加企业的经营成本和风险。

第三，尽管中国汽车企业在泰国市场的产品销量逐年增长，但品牌认知度和接受度仍有待提高。

在中国，业界和消费者曾经把"蔚小理"等品牌称为"汽车新势力"，在海外，所有的中国汽车品牌都可能被视为"汽车新势力"。泰国消费者对传统日系、欧美品牌仍有一定的偏好，中国汽车品牌需要更多的时间和努力培养市场认知度与接受度。

第四，中国汽车企业在泰国面临的本地化挑战涉及市场竞争、文化差异、政策与法规、供应链与本地化生产、品牌建设与市场营销、技术与研发以及人才培养与管理等多个方面。要想成功进入并占领泰国市场，中国汽车企业需要制定全面的本地化战略，并持续投入资源和精力来应对这些挑战。

第五，泰国地处东南亚的中心位置，与中国存在一定的地理距离，这给供应链和物流带来了挑战。中国汽车企业需要建立稳定的供应链和物流体系，确保零部件和产品的及时供应与运输，以降低运营成本和提高市场响应速度。

第六，在泰国市场，日系汽车企业仍然占据绝对领先的市场地位。日系汽车企业在东南亚浸淫数十载，已经在品牌、服务和体系等方面积累了强大的优势，影响力渗透到泰国社会的方方面面。2023年，日系汽车企业的市场占有率高达78%，丰田、五十铃和本田等品牌的市场地位颇为稳固。2023年，丰田汽车在泰国已经拥有57.4万辆的产能，其中泰国市场内销率为44%，超过25万辆。

中国汽车企业强势进入泰国市场，首战告捷，短期内赢得了超过10%的市场份额，引起了日本汽车企业的高度警觉，甚至有人把泰国称为"中日汽车对决"的主战场，未来中日汽车企业在泰国的攻防进退值得业界的持续关注。

2.3.3 海外生存法则

中国汽车企业在泰国的境遇也是中国企业在全球市场奋力征战的缩影。进入国际市场，并不意味着企业就可以顺利生根发芽。现实世界里，出海之路充满荆棘，每一天都会遇到全新的挑战。

在欧美市场，鉴于产业发展局势及地缘政治等因素，中国汽车企业还面临着一系列更为复杂的问题。

以欧洲为例，2023 年 9 月，欧盟委员会宣布将对中国新能源汽车启动反补贴调查。2024 年 10 月，欧盟委员会通过投票最终决定对从中国进口的新能源汽车征收最高达 45% 的关税。

面对如此高昂的关税壁垒，许多中国汽车企业不得不重新审视其欧洲市场战略，有的选择了谨慎前行，放缓了入欧的步伐；有的则不得不做出痛苦的割舍，如长城汽车，最终关闭了其在慕尼黑的欧洲总部。

事实上，欧盟各国针对中国新能源汽车加征关税的态度非常复杂。其中，德国、匈牙利、斯洛伐克、斯洛文尼亚和马耳他五个国家明确反对这一措施，这背后有着深刻的经济利益考量。德国作为欧洲汽车制造业的领头羊，其大众、奔驰、宝马等企业在中国市场拥有庞大的销量和利益。

数据显示，2003 年，上述三大汽车品牌在华交付量均占据全球销售量的 30% 以上。可以预见，一旦中国方面采取反制措施，德国汽车行业将受到重大冲击。

匈牙利、斯洛伐克等国作为德国汽车工业的重要合作伙伴和生产基地，也紧随德国的步伐，反对对华加征关税。特别是匈牙利，已经吸引了大量中国新能源企业的投资，宁德时代、比亚迪、亿纬锂能及欣旺达等均在此设立了生产基地，其中，比亚迪更是在匈牙利塞格德市建立了其在欧洲的首个新能源汽车生产基地。

法国、意大利、波兰等国之所以赞成征税，本质上是面对全球化竞争态势下的一种自我保护机制。法国和意大利等传统汽车制造国更多的是出于对本土汽车品牌保护的考量，它们试图借助关税壁垒这一手段，为本土汽车产业赢得宝贵的调整与喘息时机，以有效抵御中国新能源汽车日益加剧的市场竞争。更进一步讲，它们排斥的是中国制造的新能源汽车产品，而非中国汽车企业本身。

西班牙、奥地利、瑞典等共计12个国家选择了中立立场，未对议题明确表态，这一态度微妙地映射出欧洲在应对中国新能源汽车时的复杂心境。一方面，欧洲深感中国凭借超大规模制造与极低成本的出口模式，对欧洲本土企业构成了近乎摧毁性的竞争压力；另一方面，欧洲又对中国的新能源制造能力产生依赖，同时忧虑中国可能采取的反补贴措施，为其带来不利影响。

欧盟内部多元的利益诉求，为中国汽车企业提供了绕过关税壁垒、逐步渗透市场的契机，最直接的做法就是将出海方式从贸易出口转变为海外投资设厂。

早在 2016 年，比亚迪便已前瞻性地在匈牙利布局了新能源大巴制造基地，专注于满足匈牙利本土的订单需求。2024 年 1 月，比亚迪与匈牙利塞格德市政府签署了土地预购协议，标志着比亚迪决定将首个欧洲新能源乘用车制造工厂落户匈牙利。

这种通过收购、并购或直接购买土地在当地投资建厂的行为，可以绕开欧盟的一些贸易壁垒，同时实现降低物流成本、快速响应当地需求等目标。

除此之外，中国汽车企业亦可采取与欧洲本土企业携手并进之策。

例如，零跑汽车已与欧洲第二大汽车制造商 Stellantis 缔结了战略合作盟约。依据该盟约，零跑专注于产品及技术研发，Stellantis 则担纲市场营销与渠道拓展的重任。

该方式或许可以为众多渴望拓展海外市场但面临资金瓶颈、难以在海外建立生产基地的企业提供一个切实可行的参考方案：中欧汽车企业之间，并非只能是单纯的竞争关系，也可以互惠互利。中国汽车业的海外拓展，并非为了消灭竞争对手，而是寻求与当地融合、促进共同繁荣及实现良性竞争。

在公布征税决议的同时，欧盟也声明，未来中欧双方将共同努力探索替代解决方案，此举仿佛为紧张的氛围撕开了一道裂口，至于这道缝隙能否迎来温暖的阳光，还需要时间来验证。

2.4　光伏产业：从"制造大国"到"出海强国"

2024 年 6 月，加拿大《环球邮报》的一篇报道震惊世人：中国七家最大的太阳能公司——通威股份、协鑫科技、隆基绿能、天合光能、新特能源、晶澳科技、晶科能源向全球提供的能源，已经超过了全球七大"石油巨头"——埃克森美孚、雪佛龙、壳牌、英国石油、道达尔能源、康菲石油、埃尼。

对于中国光伏从业者来说，这就意味着，在 21 世纪的能源供应链上，"中国新能源七子"已经撼动了 20 世纪全球七大"石油巨头"的地位，一场事关能源基座革新的瓦特权杖交接已然暗流汹涌。

中国光伏曾有一段时期深陷"三头在外"的窘迫境地：原材料几乎全部依赖海外进口，核心技术设备存在显著缺口，产品亦主要出口至海外市场。然而，逆境往往是催人奋进的"磨刀石"。得益于政策的鼎力支持、技术的持续革新及市场的积极拓展，中国光伏领域的探索者们凭借不屈不挠的坚忍精神，引领光伏产业实现了从无到有、从小到大、从追随到引领的华丽蜕变。

2.4.1　大国光伏二十年

光伏产业的兴起背景可追溯至 20 世纪 70 年代的"石油危机"，彼时欧美各国政府出于能源安全的考量，开始积极探索新能源的替代方案，于是以光伏、风电等为代表的新兴能源产业蓬勃兴起。步入 21

世纪，光伏发电技术已在德国、西班牙、日本等发达国家实现了较为广泛的商业化应用，这一进程不仅极大地推动了光伏产业的快速发展，更为全球能源结构的转型与升级注入了强劲的动力。

我国光伏产业的真正起步可追溯至20世纪末，彼时，太阳能电池技术完成了从航空领域向民用市场的跨越性转变，带动了国内光伏产业的萌芽与兴起。

2001年，从澳大利亚学成归来的施正荣带着先进的太阳能技术，在国内创立了国内首家民营太阳能电池制造企业——无锡尚德，其建设的10兆瓦太阳能电池生产线，极大地缩短了我国与国际光伏产业的距离。2005年，在不到五年的时间里，尚德电力便成功登陆美国纽约证券交易所，成为中国光伏产业中首只上市的股票，施正荣也一度荣登中国首富的宝座。

这一造富神话，如同一股劲风，极大地激发了国人的热情，赛维、天合光能、隆基、英利、晶科等一大批光伏企业应运而生。

2004年是光伏产业全面爆发的元年。这一年，受能源危机爆发与环保意识增强的双重驱动，全球光伏市场迎来了前所未有的扩张浪潮。中国光伏产品凭借低成本优势成功打开了发达国家市场，占据全球市场近半份额。

危机也在此时悄然而至。如前文所述，我国光伏产业快速发展的背后，隐藏着"三头在外"的严峻现实，这种处处受制于人的局面决定了我国光伏产业在面临国际市场的波动和变化时缺乏足够的抵御能力。

从 2005 年起，欧美国家上游供应商利用中国技术薄弱的短板，推动晶硅原料价格暴涨，使得中国光伏企业辛苦积累的利润被国外供应商轻松掠夺。为避免成本继续抬升，中国企业纷纷提前锁定产量，以高价与海外供应商签订了长期协议。2008 年，全球金融危机爆发，多个欧美国家对光伏产业的补贴政策进行了调整，这一变动直接导致了市场需求的急剧萎缩，光伏产业一落千丈。随之而来的原料价格暴跌，使得众多光伏企业因高价长单协议陷入巨亏，纷纷停产、破产，中国光伏产业迎来了第一次至暗时刻。

危机中孕育着新机遇，中国光伏产业酝酿着新的变革与重生。2009 年，中国推行了"金太阳工程"与"光伏建筑示范项目"，这两大举措极大地激发了国内光伏市场的需求。至 2012 年，国内外光伏产业需求比例已接近 4∶6，趋于均衡。

在此期间，国家调整了上网电价政策并实施了光伏补贴，同时，中国企业成功掌握了晶硅电池的核心技术，单晶硅与多晶硅电池的转换效率跃居世界领先行列。光伏产业链的各个环节均实现了国产化，技术水准与国际前沿并驾齐驱，中国光伏产业再次驶入高速发展的轨道。

祸兮福之所倚。2012 年，一些欧美国家发起"双反"调查，针对中国光伏产品征收高额双反税，这无疑给中国光伏企业带来沉重一击，截至 2013 年，第一代光伏企业几乎全军覆没，尚德电力也在此阶段宣布破产。

痛定思痛，我国光伏企业迅速调整方向，将重心重新聚焦于国内市场。与此同时，政府也加大了对光伏应用的扶持力度，先后出台了《国务院关于促进光伏产业健康发展的若干意见》《太阳能发电发展"十二五"规划》等文件，促进了产业结构调整。

经历了产业阵痛期后，欧美国家联手实施的"双反"措施非但未能阻挡中国光伏产业的崛起步伐，反而如同烈火炼金般，铸就了一支更为强大的中国光伏队伍。时至今日，中国已不仅是光伏产品的制造大国，更在全球光伏产业链中占据了"技术引领者"的显赫地位。从硅料提炼到组件制造，再到系统集成，中国企业通过持续的技术创新，成功撕掉了低端制造的标签，赢得了全球市场的广泛认可与尊重。

截至 2023 年，中国已连续十年稳居全球光伏装机量榜首，构建起全球规模最大、竞争力最强的光伏产业体系。在这一领域内，中国整体产业已占据了全球市场份额的 80% 以上，彰显出其在全球光伏领域的绝对领导地位。

世界光伏进入中国时代。

2.4.2　从"流浪工厂"到全球制造

2024 年上半年，我国光伏产品的出口量再次实现了历史新高，光伏产业链上的各个关键制造环节均呈现出显著的出口增长态势。其中，硅片的出口量增长了34.5%，电池片的出口量增长了32.1%，而组件的出口量也实现了19.7%的增长。

然而，在靓丽的数据背后，中国的光伏业者们面临着极为严峻的考验。

首先，是利润空间的下滑。尽管海外市场对光伏组件的需求迅速提高，光伏组件的出口却出现了"数量攀升而价值滑落"的态势。根据海关总署的权威数据，2024年上半年，中国光伏组件出口总量达到了131.9吉瓦，相较于去年同期的106.1吉瓦，实现了24%的增长。然而，出口金额却仅为163.2亿美元，与2023年同期的237亿美元相比，下滑了31%。这一数据从侧面揭示了组件出口数量增加的积极效应，未能抵消价格下滑带来的消极影响，致使企业利润空间遭受严重侵蚀。

其次，美国再次高筑贸易壁垒，以高额反倾销税手段限制中国光伏经东南亚进入美国市场。

早在2012年和2015年，美国就对中国的光伏产品进行过两次"双反"调查，实施了极为严苛的制裁。中国光伏企业纷纷产能出海，转道出口北美市场，作为应对手段，越南、泰国、马来西亚、柬埔寨等国成为中国光伏企业海外投资的首选之地。

几乎国内所有的光伏头部企业，包括晶科能源、隆基绿能、天合光能和晶澳科技、协鑫科技、阿特斯、东方日升等，都在东南亚投资布局了产能。

此外，国内生产石英砂、光伏玻璃、逆变器等辅材及相关设备的企业，在东南亚也都有布局。据不完全统计，目前已有至少 16 家中国光伏头部企业在东南亚各国建立主材生产基地，中国光伏产业在该区域已形成一体化产能的完善的供应链体系。

2023 年，美国进口的光伏产品有 80% 来自越南、泰国、马来西亚、柬埔寨。

风云突变。

2024 年 5 月，美国商务部启动对上述东南亚四国的"双反调查"。据美国媒体报道，美国商务部是根据美国太阳能制造业联盟贸易委员会 2024 年 4 月提出的一项请愿开展的本次"双反调查"。针对"双反调查"，美国国内不乏反对之声：美国一些国外光伏制造商和国内可再生能源开发商认为，反倾销税会给在美国运营的规模较大的光伏面板制造商带来不公平的优势，同时提高太阳能项目的成本。

但这微弱的反对之声并不妨碍"双反调查"的靴子落地：2024 年 12 月初，美国商务部宣布，拟对相关国家光伏产品征收最高约 271% 的反倾销税，拟征收的反倾销税涉及从柬埔寨、马来西亚、泰国和越南进口的晶体硅光伏电池及其模块，具体税率取决于不同公司。

这一裁定结果可谓釜底抽薪，给了中国光伏行业重重一击。

2024 年 5 月下旬，出海领航团队在泰国罗勇府市场调研途中，访问了这样一家中国企业投资的光伏工厂。

早在 2015 年，这家来自安徽的光伏企业就在泰国投资设厂，辐射东南亚市场。多年来工厂运转情况良好，已经招聘了百余位泰国籍工人。当我们造访时，美国商务部刚刚宣布即将对包括泰国在内的东南亚四国展开"双反调查"，如何应对美国的这一最新动作就成了工厂管理者和中国总部人员必须面对的紧急问题。

泰国工厂的中方负责人忧心忡忡，坦言道："在目前的形势之下，泰国工厂的命运难以确定，下一站去向哪里，还在等待总部的决策，也许是老挝等东南亚国家，也许是土耳其、迪拜等中东国家和地区。"

也有部分中国光伏企业未雨绸缪，提前准备从东南亚转场，部分实力雄厚的头部企业选择了直接进军美国市场。

隆基绿能，与美国清洁能源开发商 Invenergy 合作，在俄亥俄州建设 5 吉瓦光伏组件厂，已经投产；

天合光能，在美国得克萨斯州维尔默建造一座超过 100 万平方英尺（约合 93 000 平方米）的太阳能光伏制造厂，投资超过 2 亿美元，年产能约 5 吉瓦；

晶澳科技：在美国亚利桑那州凤凰城投资 6 000 万美元，建设 2 吉瓦的光伏组件产能；

晶科能源，在佛罗里达州杰克逊维尔市投资 8 137 万美元，新建年产 1 吉瓦太阳能组件生产线，对其原有光伏组件工厂进行升级扩产；

阿特斯：在得克萨斯州梅斯基特建立太阳能光伏组件厂，年产量为 5 吉瓦组件，投资超过 2.5 亿美元；

TCL 中环：在新墨西哥州，已有 3 吉瓦的产能规划。

正向清洁能源转型的中东地区也成为中国太阳能产能出口的重要目的地，中国多家光伏产业链企业正在进军沙特阿拉伯等海湾国家市场。

继阳光电源宣布与沙特阿拉伯 ALGIHAZ 签约共建全球最大储能项目后，晶科能源和 TCL 中环相继宣布重磅投资计划，前者计划在沙特阿拉伯建设 10 吉瓦（1 吉瓦等于 100 万千瓦）高效电池及组件项目，后者计划在沙特阿拉伯建设年产 20 吉瓦光伏晶体晶片项目。

协鑫科技、钧达股份、中信博及天合光能等光伏头部企业均宣布了在中东地区的投资计划，涉及晶硅、电池组件、辅助材料等。一条位于中东地区的光伏全产业链呼之欲出，产能覆盖多晶硅上下游和重要辅材。

中国光伏企业的国内外产能布局正在经历新一轮的大迁徙。在这场迁徙中，中国光伏企业一方面承受重压，另一方面积极寻找新的出路，在巨大的不确定性中寻找确定性的发展机遇。有一点确信无疑，在全球能源转型与可持续发展的浪潮之中，来自中国的光伏力量不会缺席！

2.5　矿业：在全球不确定性中寻找确定性

在波澜壮阔的绿色转型浪潮中，中国不仅成为全球最大的新能源汽车市场，更在电池产能、技术创新、产业链整合等方面取得了举世瞩目的成就。然而，在这一辉煌成就的背后，我们亦须正视一个不容忽视的现实：在新能源上游产业链的关键矿产资源——锂、钴、镍、锰等领域，非洲与大洋洲国家凭借其丰富的矿产资源，展现出了强劲的竞争力，相比之下，中国在这些资源的自然储量方面并不占据优势。

值得庆幸的是，作为全球矿产品生产、消费及贸易领域的佼佼者，中国凭借其卓越的生产加工能力，已在海外矿产资源富饶之地广泛布局。

据自然资源部发布的《全球矿业发展报告2023》，中国矿企在矿业公司全球50强中，占据了五分之一的席位。这些中国矿业巨头不仅在国内市场精耕细作，更以开放的姿态跨越山海，在全球矿业的繁荣与进步中展现"中国力量"。

随着全球新能源转型的加速推进、产业结构的深刻变革及科技创新的日新月异，关键矿产资源已成为全球大国战略博弈的焦点与必争之地。特别是以锂矿为代表的关键矿产资源，正引发各国之间愈发激烈的竞争，这无疑为矿企的海外业务拓展增添了前所未有的复杂性与挑战性。中国矿企在跨越重洋、远赴海外开采矿产资源的征途中，不仅要直面来自全球各地的激烈竞争，还需应对公私合营趋势带来的深刻变革，以及在中美博弈下的地缘政治变化和风险。这一浪潮正悄然重塑着国际矿业的合作模式与利益格局，为中国矿企的海外投资之路增添了新的不确定因素。

2.5.1　关键矿产，全球布局

在积极践行碳达峰与碳中和目标的宏观背景下，我国对金属矿产资源的需求呈现出持续增长的态势。北京理工大学能源与环境政策研究中心发布的《2024 低碳技术发展产业链风险评估和展望报告》深刻揭示了这一趋势。

报告指出，受到我国碳达峰目标的强劲驱动，2024 年至 2030 年，低碳发电技术、电解水制氢技术、电化学储能技术、电弧炉炼钢技术及多通道燃煤技术等关键低碳技术的发展，将累计带动产业链上相关行业整体资金需求激增 18.34 万亿元人民币。

研究表明，为实现碳达峰目标，上述低碳技术在未来数年内的大规模发展将对特定金属矿产资源的需求产生显著影响。具体而言，铝、铁、硅、铜、锌这五种金属在 2024 年至 2030 年的累计需求量位居前列，成为支撑低碳技术发展的核心资源。与此同时，锂、钴、锰、镍、铜等关键材料的需求量也呈现出了快速增长的态势，其复合增速分别高达 32%、31.7%、11.5%、9.64% 和 9.1%。

从矿产资源储量的角度来看，当前全球锂、钴、镍等关键资源的分布呈现出相对集中且寡头垄断的特征。具体而言，锂资源主要集中在智利、澳大利亚、阿根廷、玻利维亚等国，这些国家拥有全球大部分的锂矿储量；钴资源则主要分布在刚果（金）、印度尼西亚、澳大利亚等国，这些地区的钴矿储量占据了全球的绝大部分；在镍资源领域，印度尼西亚、澳大利亚、巴西三国占据了全球镍矿储量的显著份额，合计约 60%。

数据显示，除了钼、钨等少数金属，中国在众多关键金属资源的供应上高度依赖进口。其中，锂的对外依存度达 76%，镍的对外依存度达 91%，钴的对外依存度达 95%。

一方面是不断增长的需求量，另一方面是较高的对外依存度，出海成了中国矿企发展的必然趋势和战略选择。

洛阳钼业是一家主要从事基本金属、稀有金属的采、选、冶等矿山采掘及加工业务和矿产贸易业务的公司，是全球领先的铜、钴、钼、钨、铌生产商，同时公司金属贸易业务位居全球前列。其前身为 1969 年原冶金部在河南省洛阳市栾川县兴建的一个小型钼选厂。2007 年与 2012 年，公司相继登陆港股与 A 股市场，之后便踏上了国内外资产并购与整合的快车道，实现了资源储量与产量的飞速增长，奠定了其在全球矿业版图中的重要地位。

对洛阳钼业来说，矿业成本优势构成了其竞争力的核心基础，而不断开拓并持有高质量的矿产资源及优秀的管理能力则是企业生存与发展的关键所在。在此背景下，海外并购成了公司获取这些宝贵资源的必由之路。早在 2007 年，洛阳钼业便前瞻性地组建了海外并购专项团队，2013 年以来，洛阳钼业成功策划并执行了多宗具有重大意义的海外并购交易。

2013 年，洛阳钼业出海第一步瞄准澳大利亚第四大在产铜金矿——北帕克斯铜金矿（NPM），斥资 8.2 亿美元收购了其 80% 的权益。

2016 年，洛阳钼业以 15 亿美元的价格收购了巴西两大矿山——全球第二大铌矿 NML 和巴西第二大磷矿 CIL。

2016 年和 2017 年，洛阳钼业分两次斥资 37 亿多美元，买下位于刚果（金）的 TFM 铜钴矿 80% 的权益，这是全球储量最大、品位最高的铜钴矿之一。

2018 年，洛阳钼业以约 5.18 亿美元的价格收购了全球第三大有色金属贸易商埃克森 IXM 的 100% 股权，并于次年完成交割。

2020 年，洛阳钼业斥资 5.5 亿美元收购了全球最大钴矿之一的 KFM，并成功获得其 95% 股权。

这些交易聚焦于全球范围内的优质资产，其对手均为享誉国际的矿业巨头，彰显了洛阳钼业的卓越眼光与强大实力。尤为值得一提的是，洛阳钼业总是能够精准把握行业低谷的时机，其多次并购行动均发生在市场相对低迷的阶段。业界对此普遍赞誉有加，民生证券曾发布研报评价洛阳钼业的收购"时点精准,已获时间验证"。

通过一系列精心策划的海外战略部署,洛阳钼业成功构建了"矿山+贸易"的双重发展模式,公司核心业务广泛分布于亚洲、非洲、南美洲及欧洲,并全面覆盖了新能源金属领域,产品包括铜、钴、镍、铌、钼、钨及磷肥等,形成了一个多元化的产业链。

中国矿企在拓展海外市场时,展现出了鲜明的个性化特色与跳跃式的发展态势,其海外扩张的核心动力源自大规模且数量可观的海外矿产资源收购与并购活动。为响应国家战略导向及推动能源结构转型,除了洛阳钼业,中国铝业、中国五矿、紫金矿业、天齐锂业、兖州煤业等一系列中资企业正积极筹划并加大对海外金属矿产市场的投资布局,它们已成功入股或收购了多个海外矿山项目,不断深化与扩大国际产能合作,将足迹延伸至全球各地。

2.5.2　洛阳钼业的矿产保卫战

企业出海之路从不平坦,中国矿企在全球化扩展中同样荆棘密布。当地政治局势的不确定性、外媒信息的潜在影响、采矿作业带来的环境污染问题及国际市场动态的变化莫测等都是矿企需要应对的风险。

洛阳钼业曾在刚果(金)遭遇过与政府的权益纠纷。

刚果(金)是非洲最大的铜、钴生产国,也是黄金、铂金、锡、钨等多种矿产资源的主要产地，因此成为中国矿企重点布局地区之一，如北方矿业收购 Chemaf Resources Limited（CRL）100% 的控股权，中国五矿在刚果（金）投资了金塞维尔矿山扩建项目，鹏欣资源与刚果（金）政府签订了资源开采的协议。洛阳钼业先后在刚果（金）收购 TFM、KFM 两大矿山，此次纷争正是出在 TFM 项目上。

在两次成功收购 TFM 80% 的股权后，洛阳钼业已基本上掌握了 TFM 的控制权，并承担起其全部的生产与运营职责。2021 年 8 月，洛阳钼业公开表示，为了深入开发 TFM 铜钴矿的丰富储量并提升铜钴产量，公司计划投资 25.1 亿美元用于 TFM 混合矿项目的建设。预计在项目达到设计产能后，将额外增加年均约 20 万吨的铜产量和约 1.7 万吨的钴产量。

很快，麻烦就来了。2021 年，刚果（金）国有矿业公司杰卡明（Gécamines）作为占股 TFM 铜钴矿 20% 的股东，对洛阳钼业提出了严重指控。根据刚果（金）当地法律，涉及增储，确实要缴纳相关权益金。但彼时，杰卡明声称洛阳钼业在评估 TFM 铜钴矿储量时存在低估行为，并据此减少了应支付给杰卡明的特许权使用费，基于此，其提出了远超市场合理标准的权益金和提高占股 TFM 铜钴矿比例的要求。对此，洛阳钼业认为这是"无理的"，双方一度僵持不下。尽管中间刚果（金）政府高层官员多次释放和解与继续合作的信号，但 2022 年 7 月，TFM 仍被停止其相关产品的市场销售与对外出口活动，这一封就是 10 个月。

洛阳钼业因此遭受冲击。自 2022 年第三季度起，洛阳钼业的 TFM 产品销售遭遇阻碍，2022 年下半年的公司业绩受损，营收与净利润均出现下滑。

沟通的过程极为复杂且漫长，双方分别通过法律手段、多层次深度交流等方式谋求解决。2023 年 4 月 18 日，事情终于迎来了转机。这一天，双方就和解条件达成一致，洛阳钼业同意按 6 年分期向刚果（金）方面支付 8 亿美元的和解款项。为了进一步消除杰卡明的担忧，洛阳钼业还额外承诺，自 2023 年（含）起的项目现有服务期内，将向其分配至少 12 亿美元的股东红利。

表面上看，刚果（金）政府的行为似乎有些缺乏信用，导致洛阳钼业不得"花钱免灾"以求和解，显得颇为被动。然而，若事态进一步恶化，中国的钴资源储备将面临巨大风险，可能在一定程度上波及中国新能源汽车产业链。尽管和解协议对公司短期内的经营和财务状况有一定影响，但因分期支付，故整体可控。随着权益金和解协议的签署，TFM 的销售也迅速恢复。通过适度牺牲部分利益，洛阳钼业确保了未来持续、长期且稳健的生产经营，将对利润率的影响降到最低，同时通过利益再分配给对方相应实惠，可谓双赢。

值得一提的是，在这个漫长且充满变数的谈判过程中，当地群众的态度令人吃惊。在 TFM 被限制出口阶段，TFM 工会发动了一场集会活动，动员当地居民前往省政府所在地进行和平抗议，他们强烈反对政府继续向 TFM 施加人为限制措施，表示这种做法已经对普通民众及弱势群体造成了利益方面的损害。民众之所以会愿意为中国企业"撑腰"，和洛阳钼业的本土化运营策略息息相关。

"不管在哪里投资，都要为当地经济发展作出贡献"，这是洛阳钼业在海外经营的核心理念。TFM 的正式员工有三千余人，算上承包商员工有近两万人，其中 90% 都是本地人，另外还有 40 万周边民众受益于 TFM 的持续开发与生产。为促进当地经济发展，TFM 为刚果（金）企业家和供应商提供了多领域的合作机会，涵盖汽车零部件供应、机械服务、燃料油料、电气机械、计算机办公用品等。此外，洛阳钼业非常注重与当地社区合作，自 2006 年开始建设以来，TFM 一直坚持社区投资，范围涵盖教育、医疗、农业、基建等多个领域。可以预见，一旦生产停摆，不但许多人有可能面临着生计问题，社区建设投入也会受到极大影响。

企业国际化进程将日益趋向本土化，这是必然结果，因此，企业在出海过程中一定要学会用本土视角进行审视，并以本土化的策略和高标准的 ESG 理念应对与解决问题。

在扬帆出海的征途中，洛阳钼业既经历了危机的洗礼，也积淀了宝贵的经验。除了 2015 年面对矿业市场的严冬，开启的一系列大规模"抄底"并购活动，洛阳钼业一直致力于通过定期的资产盘点和重新审视创造并提升价值。

2023 年 12 月，洛阳钼业发布公告称公司与澳大利亚矿业公司 Evolution Mining 签署协议，以 7.56 亿美元的价格出售自己持有的澳大利亚 NPM 铜金矿 80% 的权益。该资产是洛阳钼业 2013 年斥资 8.2 亿美元于力拓公司手中收购而来的，是洛阳钼业出海的第一站，表面上看，这不是一场好买卖，但实际上，洛阳钼业从中收益颇丰：它不仅借此机会积累了宝贵的国际化运营经验，还掌握了先进的矿山开采技术。

相关数据统计，NPM 铜金矿在完成收购后的第一年，就实现了成本降低超过 30% 的显著成效。紧接着第二年，更是突破性地实现了 E48 地下矿区的全自动化无人采矿作业。

截至 2018 年，NPM 铜金矿的年处理量已达到 630 万吨，创下历史新高。经过 30 年的持续开采，该矿的资源品位呈现逐年下降趋势，但其处理能力始终保持在一个相对稳定的水平。

NPM 的出售，标志着它已在洛阳钼业完成使命，同时也预示着洛阳钼业的国际化经营迈入了更聚焦和注重规模化运营的发展阶段。

2.5.3 全球变局正在加速

洛阳钼业在刚果（金）的遭遇并非个例。类似的情况也发生在拉美地区。

2023 年 5 月，墨西哥修订《矿业法》，将锂列为战略矿产并国有化，禁止私人开采。新法要求企业必须通过墨西哥经济部举办的公开招标获得开采权。受此影响，赣锋锂业于 2024 年 6 月宣布，其子公司就特许权取消向 ICSID（国际投资争端解决中心）提请仲裁，要求墨西哥赔偿损失及仲裁费用。

无独有偶，天齐锂业在智利也遭遇了类似的海外资产权属的问题。2018 年，天齐锂业出资对智利化工矿业公司（SQM）进行收购，成为其第二大股东。2023 年 12 月，在智利政府的主导下，SQM 与智利国家铜业公司（Codelco）宣布组建由政府控制的合营公司，SQM 被国有化，该行为无疑给天齐锂业的投资带来了诸多风险，为争取权益，天齐锂业不得不向有关部门寻求帮助。

在这场关于资源的"格局转变"背后，其实是各国基于自身利益的深度博弈。从矿产资源的战略视角出发，主要国家的经济政策正经历着一场深刻的变革，由昔日的"全球主义"倾向逐渐转向"本国优先"的立场。除了墨西哥与智利，阿根廷、玻利维亚等国家也正积极推动成立"锂欧佩克"，意图在全球锂业产业链中提高输出国的地位和话语权；秘鲁与巴西政府则采取了提高矿业税收的策略，以此作为增加国家财政收入的途径；在 2023 年 11 月初，加拿大政府向中矿资源、藏格矿业及盛泽锂业提出要求，命令它们剥离在加拿大的资产或进行撤资……

相较之下，美国的策略展现出更为鲜明的针对性。在不断更新关键矿物清单，以此作为干预他国矿产政策工具的同时，还通过外国投资委员会严格限制中国公司对美国及其盟友的关键矿产企业进行收购。

2022 年 6 月，美国携手澳大利亚、加拿大、印度、日本、韩国、挪威、英国及欧盟的 27 个成员国，组建了所谓的"矿产安全伙伴关系"联盟，其意图不言而喻——旨在稀土及其他关键矿产资源领域内推进"去中国化"议程。2024 年 9 月，该联盟在纽约建立新融资机构，并大张旗鼓地表示将对坦桑尼亚的卡班加镍矿项目进行支持，显然，这一决定就是为了与中国投资支持的印度尼西亚镍矿进行抗衡。

在此之前，美国政府就曾多次组织阿联酋、日本及沙特阿拉伯的公司对赞比亚的"铜带"上的矿山进行投资，意在削弱中国对铜资源的控制能力。

这场较量的意义已经远超矿产资源本身，其本质上是一场全球国际秩序的重构与重塑。

2.6　全球供应链：动荡中的坚守与突围

在过去的数十年间，中国实现了从农业大国向全球制造业枢纽的跨越式转变，在科技领域也日益展现出强劲态势，迅速跃升至世界第二大经济体的位置。

尤为引人注目的是，在新能源这一事关人类未来的先锋领域，中国企业凭借卓越的技术革新与迅猛的市场扩张，正在强有力地重塑全球产业，这不仅是一场技术与市场的较量，更是全球产业格局的深刻变迁。

恰逢地缘政治的动荡深刻重构全球市场的版图，逆全球化思潮与民族主义情绪双双抬头，中国新能源产业正面临重重挑战，但从发展的角度看，机会仍然存在，中国企业需要仔细识别并精准制定应对之策。

以海外最大的新能源市场欧盟为例，根据欧洲智库欧洲外交关系协会（ECFR）的对华绿色产业的政策分析框架：信任是制定政策的基石，实际执行还受到产业基础、政策工具、成员国博弈和第三国合作等诸多要素的影响。

欧洲外交关系协会发表的报告《信任与权衡：如何管理欧洲对中国绿色技术的依赖》显示，虽然欧盟对中国的锂电池、新能源汽车和光伏产业都存在防范的心态，但实际态度有着微妙的差别。

在光伏领域，由于太阳能电池板是"哑技术"，欧洲可以选择信任中国企业，但需警惕逆变器等联网设备的风险。中国企业主导了光伏价值链，欧洲在合作方面的选择有限，更优选择是加强对风电和水电等本土优势领域的投资。

电池产业是欧洲绿色转型的核心，不能完全信任中国企业，但在实际操作中无法将中国企业"挤出市场"。欧洲在原材料、技术和工艺上存在不足，且相比美韩的产业政策补贴，吸引力较小。同时，受美国《2022年通胀削减法案》限制，中国企业转而涌入欧洲市场，部分成员国（如匈牙利、法国、德国等）必然会争夺中方投资。

汽车产业是欧洲的传统支柱，新能源汽车在当前和未来产业中具有重要地位，欧洲不能信任中国企业。中国新能源汽车企业在技术和经济性上具有明显优势，越南、印度等新兴汽车制造商难以在短期内崛起。目前，中国新能源汽车企业在欧洲的存在感有限，欧洲若能与美国协调产业政策和补贴机制，并吸引日韩产能，则有望减缓中国的市场扩张。

面对外部的多重压力，中国一直在努力通过协商化解分歧。回溯国际经济贸易领域中的美欧、美日等重大贸易纷争案例，可以看到协商谈判的成果呈现出多样态面貌，既有成功落幕的佳话，亦不乏久拖不决的遗憾。以美欧双方围绕波音与空客飞机补贴问题的纠葛为例，历经数十载的反复磋商与谈判，至今仍未能觅得一个彻底的解决之道。

在这场错综复杂的"围堵战"中，中国承受了前所未有的压力，也展现出了前所未有的开放与自信,这份自信根植于中国经济顽强的内生增长动力,以及在全球产业链中无可替代的核心地位。

中国通过"一带一路"倡议向全球各国递出了合作的橄榄枝,编织起一张覆盖全球的基础设施建设、能源开发、金融合作的宏伟网络。中国的这一系列卓越成就赢得了全世界的瞩目与赞誉。

在全球产业变革与大国博弈交织的复杂环境下,中国企业并没有逆来顺受和随波逐流,而是积极寻求应对策略,以更大的智慧与勇气寻求更大的生存与发展空间。

宁德时代开启了技术授权模式 LRS;以比亚迪为首的中国新能源汽车企业加快了海外建厂的步伐;一众中国光伏企业面对变局及时优化全球价值链布局;洛阳钼业等矿山企业深度扎根东道国,融入本地社会……

＊ ＊ ＊ ＊

物竞天择,适者生存。中国企业之所以能在全球范围内取得成功,正是仰仗于一代又一代中国企业家的不懈努力、持续创新及强烈的竞争意识。

中国企业扬帆出海,正在展现高度的灵活性与适应性,以应对快速变化的市场环境。面对国际贸易摩擦的复杂性和不确定性,中国企业注重增强自身的核心竞争力，通过技术创新、品牌建设、供应链优化等手段，不断提升自身的国际竞争力，在全球市场中站稳了脚跟。

无论全球供应链如何重新布局，角色如何演变，一个不争的事实是：在全球产业链重构的棋盘上，技术创新、绿色发展与产业升级将成为决定胜负的关键棋子。

中国企业正通过创新驱动提升核心竞争力，通过深化合作寻求共生之道，致力于推动供应链多元化、智能化发展，为全球经济注入新的动力与活力。

第三章

企 业

——单项冠军

20 世纪 70 年代，德国管理学家赫尔曼·西蒙教授与哈佛商学院著名学者西奥多·莱维特教授在探讨德国出口贸易获得持续成功的奥秘时，得出了一个突破性的结论：德国出口贸易的强劲表现并非仅仅依赖于西门子、大众等大型跨国企业，其真正的核心竞争力来自于一大批在国际细分市场中占据领先地位的中小型企业。这一结论颠覆了人们对传统经济竞争力的认知。

基于此，赫尔曼·西蒙教授提出了隐形冠军的概念。所谓隐形冠军企业，是指专注于某一细分市场、深耕价值链，技术全球领先且在全球展开业务，在细分市场占据近乎垄断地位的企业。

隐形冠军企业具有鲜明的三大特性，即专注力、创新力和全球化。

专注力体现在高度聚焦于一个细分市场，一贯集中精力做艰难而正确的事情，为客户提供深度和长期服务。

仅仅保持专注还不够，只有不断追求技术创新、商业模式创新和管理创新才能真正成为某个领域的专家，一直站在行业的制高点。

全球化，即选择全球化的发展路径，避免在单一市场遇到增长瓶颈。

出海领航团队通过对全球优秀企业的长期跟踪研究发现：在寒冷的北欧，有这样一个企业群体：他们深耕某一细分领域，上百年如一日，日拱一卒，不断精进，即便在宏观经济和行业的周期性谷底，也能在极为恶劣的环境中保持活力、逆势前行。

这类企业包括瑞典的"矿业机械双雄"安百拓（EPIROC）和山特维克（SANDVIK），丹麦的"泵业巨头"格兰富（GRUNDFOS），芬兰的制浆造纸装备行业领军企业维美德（VALMET）等。

3.1 北欧矿业双雄，穿越百年寒冬

安百拓成立于 1837 年，总部位于瑞典斯德哥尔摩，是全球领先的采矿与基建设备供应商，生产用于露天与地下作业的凿岩钻机、台车、岩石开挖和建筑设备及工具，提供售后服务与技术支持，以及自动化、数字化和电动化解决方案。

山特维克总部同样位于瑞典斯德哥尔摩，成立于 1862 年，是一家专注于采矿和岩石开挖、金属切削和材料技术的工程设备技术集团。

3.1.1 深度聚焦

两家企业在经营战略上高度相似，均专注于矿山开采设备和基建设备行业，深度满足客户需求，通过持续不断的技术创新、深度的后市场服务和卓越的运营能力保持强大的竞争力。

这两家企业都有非常明确的价值创造战略：专注于具有吸引力的细分市场，凭借创新技术、深度的后市场服务、卓越的运营能力，以可持续发展的理念和强大的企业文化为依托，经历了百余年的世间变幻、沧海桑田，保持强大的生命力，穿越多个经济周期，至今屹立不倒，在业内享有较高的地位。

技术创新方面：在技术创新方面保持持续投入，在全球范围内拥有数千名研发工程师，为客户持续不断地提供创新的技术解决方案。

后市场方面：通过创建区域配送中心，无论在世界的哪个角落都能够为客户提供近距离、及时的服务，成为客户信任的合作伙伴。

卓越运营方面：非常善于挖掘企业经营的内部潜力，决策快速高效、直销比例很高、具备柔性制造能力，实现兼顾效率和效益的有机增长。

可持续发展和强大的企业文化：可持续发展的理念和强大的企业文化是企业战略成功的基础。负责任地使用资源、投资于安全和健康、与充满热情的同事和勇敢的领导者一起成长、遵守最高的商业伦理标准等优秀的企业文化赋予了两家企业基业长青的精神力量。

安百拓是专业主义的坚定笃信者和践行者，这一点从其投资并购行为就可以看出。围绕采矿工程技术产业链做深、做足、做强，形成了贯穿全产业链的竞争优势。

通过对 Mine RP 公司等 6 家企业的并购，安百拓在产品数字化、电动化和自动化能力上得到了补强补足；它对另外两家企业的并购同样目的精准：制造和销售液压破碎锤的公司 DandA Heavy Industries，补足了安百拓辅具和工具的产品线；将柴油动力系统转换成电池动力系统的公司 FVT Research，提升了安百拓提供增值服务的能力。

安百拓的收购行为并不追求规模和体量，而是高度关注收购目标业务的独特性和与现有业务的匹配性。2021 年安百拓收购的 FVT Research 公司员工数量仅为 25 人，但其在柴油动力系统转换成电池动力系统方面具备独特的优势。

3.1.2 全球发展

安百拓和山特维克诞生于瑞典，本国市场容量有限，加之其专注于矿山行业这一单一市场，注定了从诞生之初，它们若想获得足够的成长空间，打破成长的天花板，全球化发展就是不二选择。

安百拓和山特维克最初都是通过"贸易＋代理商"的模式开拓海外市场，随着发展的需要，它们开始进行一系列的海外扩张行动，逐步进入深度国际化阶段，在全球范围内配置资源、产品、服务，以及组织和人员。

如今，安百拓已经发展成为一家典型的全球化公司，经营范围遍布全球150个国家和地区，在60多个国家和地区拥有客户中心，员工数量近2万人。

安百拓在欧洲以外的营收占比约为80%，欧洲以外的员工数量占比约为70%。

安百拓在全球11个国家和地区拥有27个生产工厂，设备和服务业务部有12家生产工厂，工具和辅具业务部有16家生产工厂，其中一家生产工厂同时服务两个部门。设备工厂主要位于瑞典、美国、中国、印度和日本。配件和服务部的全球最大配送中心位于瑞典、美国和中国。安百拓在全球范围内配置资源，成为一家全球运营的跨国企业。

3.1.3 服务制胜

安百拓和山特维克的全部业务营收由主机设备与后市场业务构成，其中后市场业务的收入占比接近三分之二，远远超越主机设备的营收。这样的收入结构使得这两家公司能够在周期性极强的矿山行业无惧行业波动，具备强大的穿越周期能力。

这两家公司的后市场服务包括服务及解决方案业务（零部件、服务协议和检测、产品中期服务、培训和其他服务项目），工具和辅具业务（岩石工具和液压辅具）。

它们的服务优势体现在以下五个方面：

本地化服务：本地化服务是至关重要的竞争优势，致力于建立覆盖全球的服务网络，支持分布在世界各地的客户；

高效供应链：制订零件和易耗品供应链改善计划，提高其可用性，降低成本和库存；

聚焦的服务组织：建立聚焦于客户满意度的服务组织；

专业技术知识：提供应用程序、数据和数字化解决方案的深度专业技术知识；

人才队伍：经验丰富、技术娴熟的工程师队伍是后市场服务业务成功的关键，这两家公司都拥有一支高技能和专业的服务团队。

改革开放以来，中国也涌现出了一批这样的企业：数十年如一日，深耕专业领域，心无旁骛，称雄中国市场。以中国市场为基点，阔步走向海外，与来自全球的冠军企业同场竞技，在全球范围赢得了尊重。

专注力、创新力和全球力，正是这些企业从单项冠军升级为全球领军企业的成功密码。

3.2 安徽合力：中国力量，合力向上

1958 年，中国制造业的一家单项冠军企业——安徽合力叉车集团诞生了。

这一年，国家第一机械工业部与安徽省共同兴建了合肥矿山机器厂新厂，主营业务为研制起重机械和冶金矿山设备，1960 年正式更名为合肥起重运输机器厂，即安徽合力的前身。

1963 年，该厂成功推出中小吨位内燃叉车，至 1976 年的 13 年间共研制 6 类叉车，奠定了合力以工业车辆为主营业务的发展方向。

1991 年，合力第一次问鼎行业冠军，从那时起，安徽合力的主要经济指标连续 33 年领跑中国叉车行业，是当之无愧的行业单项冠军企业。

3.2.1 专注力：深耕工业车辆产业链

相比于其他工业细分赛道，叉车行业（工业车辆）体量很"小"。据前瞻产业研究院估算，中国叉车市场规模约为 600 亿元。位列前两位的安徽合力和杭叉集团的营收合计超过 300 亿元，市场占有率逾50%。

改革开放之前，和很多的国有企业一样，合力老一辈技术人员凭借从苏联学习到的叉车研制技术，开始自我摸索、缓慢积累。等到国

门打开以后，与世界一流叉车企业同台竞技时才发现，自己引以为豪的"明星产品"居然落后发达国家一二十年，在某些细分技术领域的差距更大。闭门造车就等于自寻死路，严峻形势逼迫合力反思自我，迎头赶上。

1985 年，合力做出了"依托高科技，走向大市场"的战略决策，和当时国内几家知名叉车制造企业一同与海外知名叉车公司签署引进内燃平衡重式叉车专有技术协议。

合力对引进技术绝不停留在单纯的"拿来主义"。经过持续消化、吸收和再创新，从整机到关键零部件，合力研发了具有完全自主知识产权的内燃系列叉车，成为中国叉车行业产品研制和技术升级的蓝本。

1996 年安徽合力在上海证券交易所上市，安徽合力的经营思想进一步得到了统一，坚定了围绕叉车主业做精做细、做大做强的决心和勇气。

成为叉车领域领军企业之后，安徽合力不只满足于整车产品的领先，而是谋求全产业链的深度布局。

安徽合力在 2003 年开始购地兴建合力工业园，兴建了小型叉车厂、重型设备工厂、电动叉车工厂，同时兴建变速箱、驱动桥、转向桥、油缸等核心零部件工厂、重型设备工厂，以及配套的精密铸造工厂、下料、精加工、涂装、装配和试验检测等设备和车间。

合力对安徽省内蚌埠液压机械工厂、合力安庆车轿厂、陕西宝鸡的合力重型设备工厂进行技改升级，在湖南衡阳、辽宁盘锦分别建立合力南方和北方工业车辆生产基地。

到了 2013 年，安徽合力逐步构建形成了以合肥合力工业园为中心，以宝鸡合力、衡阳合力、盘锦合力为西部、南方、北方生产基地，以合肥铸锻厂、蚌埠液力公司、安庆车桥厂等省内配套部件体系为支撑的产业布局，具备年产叉车整机 10 万台、铸件 20 万吨、变速箱总成 10 万台套、油缸 60 万根、转向桥 12 万台套的生产能力，以及相应的下料、精加工、涂装、装配和试验检测能力，尤其是在传动系统、液压系统和工作装置系统等方面具有较强的市场竞争力。

多年来持续深耕叉车产业链，从传统内燃机叉车到电动叉车、氢能叉车，从关键核心零部件到后服务市场，安徽合力已经构筑起了完整的"合力生态圈"。

3.2.2 创新力：智能化＋电动化

单项冠军企业要想持续成长，"创新"是必由之路。

在基本完成制造的产业链布局后，安徽合力延续了一直以来的优良传统，持续加大研发投入，将平均每年营业收入的 5% 当作研发经费，用于新产品研发、核心零部件研究、新工艺新技术的研究与应用、基础试验设施的建设和技术升级等。截至目前，合力拥有有效专利超 4 800 件，主持或参与制定国际标准 7 项、国家标准 106 项，为向全球市场推出高品质产品提供了坚实的创新保障。

安徽合力持续加大制造智能化的投资，创新性地实施了智能制造、智能产品、智能服务和工业互联网"三智一网"发展新模式，促进先进制造业与现代服务业融合发展。

在智能制造方面，合力通过建立 5G 智能车间和智能化生产线，打造实时、协作、透明、数字化的高效智能工厂，进一步提高劳动生产率，提升产品品质。

在智能产品研发领域，合力持续引领行业创新，先后推出多项突破性产品：成功研制国内首台 5G+AGV 智能搬运机器人、首款搭载国产控制系统的堆垛式 AGV（自动导向搬运车），以及大载重叉车式 AGV 等高端智能化装备。目前，合力自主研发的智慧物流系统已实现规模化应用，成功服务于仓储、物流运输、家电制造、汽车工业等多个重点行业，有效推动了相关产业的智能化升级。

在智能服务与工业互联网方面，合力通过营销服务网络和合力飞科思（FICS）工业互联网平台的有机结合，为用户提供叉车监控调度、设备管理、服务延伸、售后维保、配件销售等融合应用，覆盖产品全生命周期，打通叉车后市场服务全产业链条，引领工业车辆产品智能化与网联化发展。

安徽合力在智能化方面的投资和努力获得了良好的回报，已形成

8大类、22个品种的AGV全系列产品，构建了整机制造、系统开发与场景应用的一站式智能物流集成平台，并打造了智能i系列产品组合及智能物流整体解决方案，覆盖物流搬运存、取、拣、收、发、补等多场景应用。

电动化是叉车行业创新的另一重要方向。2015年，由于传统制造业市场需求下滑，国内经济发展步入"新常态"，市场需求结构得到进一步调整，电动仓储车辆、新能源车辆、智能车辆、符合绿色排放标准的内燃车辆成为未来发展的重点。

单项冠军企业往往具备异于常人的战略眼光和前瞻性的布局能力。

早在10年前，安徽合力就敏锐地捕捉到了叉车电动化的机遇，于2015年完成了新能源车辆、电动及仓储车辆等一系列整机新品的研发试制，2016年实现批量上市。接下来通过增资、收购、并购等方式增加电动仓储车辆、配件及锂电池的研发和生产，加快释放电动叉车的产能。

2019年8月，合力决定投资新能源车辆及关键零部件建设项目，项目总投资超3亿元。

合力与鹏成科技签订增资扩股框架协议，成为其主要股东之一。鹏成主要从事新能源电池及配件技术开发、生产、销售，由宁德时代提供技术支持，合力入股鹏成科技后极大地助力了自身锂电系列叉车的生产、制造。

2022 年 8 月，投资 15 亿元用于子公司和鼎机电年产 6 吉瓦时新能源锂电动力系统项目。

2022 年 8 月，公司发布公告，投资 10 亿元用于新能源智能工业车辆产业园建设项目，将形成年产 60 000 台新能源及智能工业车辆的生产能力。

中研产业研究院发布的《2024—2029 年中国仓储叉车行业供需预测及发展前景研究报告》显示，电动叉车的渗透率正在快速提升，电动叉车占比逐年增加，从 2019 年的 52.6% 上升到 2022 年的 60%，2023 年全年达到 60.5%。预计到 2025 年，中国电动叉车销量渗透率将达到 70% 以上。

在合力股份总经理周峻看来，安徽合力在行业内率先进行三个方面的"颠覆式创新"。

一是推进"三链"整合。

充分发挥产业链"链主"作用，大力发展新兴产业。为整合产业链，安徽合力与安徽国控投资有限公司共同发起设立国合基金，主要围绕工业车辆产业链上下游开展投资孵化。引入战略投资者浙江德马科技，投资并购宇锋智能，接收江淮重工股权划转，从工业车辆到智能物流，聚力推进前沿科技创新与产业的融合发展，助力安徽合力从单一设备供应商向智能物流系统集成商阔步迈进。

二是聚焦"三化"转型。

加强对标世界一流企业建设，紧跟全球行业发展趋势，全力打造叉车原创技术策源地，优化产品结构。聚焦高端化，攻克高效分布式电驱动技术，完成全球首台 55 吨锂电叉车的上市销售，在重型叉车领域实现从"跟跑"到"并跑"再到"领跑"的转变。

聚焦智能化，研究核心算法，实现低速无人驾驶系列技术突破，打造全新"I 系列"产品，实现商超、轮胎、化肥等多领域的智能搬运实景应用。聚焦绿色化，自研"三电一充"技术。

三是加快成果转化。

将科技成果加快转化为先进生产力，是安徽合力保持行业领先地位的关键。坚持技术全链路转化，在市场端加快创新技术转化为产品，再从产品转化为产业的进程，合力 AGV 斩获美国国际设计卓越大奖。

坚持标准和专利引领，主持及参与国家标准制修订 84 项。坚持构建创新生态，安徽合力组织第 24 届世界工业车辆联盟会议，成立安徽省智能工业车辆产业创新联盟，加大高端人才引进力度，提高科技创新软硬件水平，对"卡脖子技术"实行"揭榜挂帅"，有效稳定研发人员队伍，激发创新活力。

3.2.3　全球力：雄关漫道，上下求索

全球化是从中国制造单项冠军到全球冠军的必由之路。

安徽合力从 20 世纪 90 年代开始走向海外，但长期以来，国际业务一直是国内业务的补充，处于从属地位。

2020 年合力制定"十四五"国际化战略规划。面向"十四五"，安徽合力提出了"百年合力，世界 5 强"的战略目标，在这个目标的指引下，合力的海外业务陡然提速，可以说，"十四五"期间是合力海外业务增长最为迅猛的五年。

2022 年合力海外销售首次突破 40 亿元，提前三年实现了"十四五"制定的目标。2023 年，合力海外业务收入突破 50 亿元。2024 年 10 月 25 日，合力 2024 年度整车出口突破 10 万台暨发运仪式在合力工业园隆重举行，标志着合力的海外业务进入新的发展阶段。

仪式上，安徽叉车集团党委书记、董事长、总经理杨安国深情地说道，合力要始终秉承"一群人，一辈子，干好一件事"的企业精神，紧扣时代脉搏，持续完善以中国为总部、以区域为重点的全球市场布局，逐步将合力打造为世界工业车辆行业一张闪耀的"中国名片"。

合力股份总经理周峻是合力海外事业的掌舵人。

周峻认为："企业出海，有三个方面是必须提前谋划的，一是战略引领，国际化不是一蹴而就，必须从战略上制定中长期出海目标；二是国际化人才队伍的培养，包括属地员工的招聘，合力用了 5 年时间，国际化团队从 30 人增长至 300 人；三是技术创新，产品的整体质量一定要有参与全球竞争的实力。"

合力海外业务的快速突进主要来自以下几个方面。

首先，保持敬畏之心，积极倾听海外客户的声音。

2021 年是合力"十四五"国际化战略实施的开局之年，正值新冠疫情肆虐的时期，大量的国际营销人员无法到海外市场一线，很多海外业务人员戏称自己和海外合作伙伴成了"网友"，每天依靠网络与海外合作伙伴保持联系。

在这个关键时刻，安徽合力决定开展一次全球范围内的深度市场调研和海外渠道变革活动。专业的咨询团队面向海外数十家代理商伙伴展开一对一的线上深度访谈，而后面向全球一百多家海外代理合作伙伴开展全面的问卷调查，虚心听取海外合作伙伴和客户的心声与建议。

新冠肺炎疫情期间，大量的海外合作伙伴也处于迷茫之中，关键时刻听到合力的声音，合力海外伙伴大为感动，提出了很多中肯的意见和建议。

对于从市场调研中得到的反馈信息，合力大刀阔斧地推进内部变革和优化，渠道满意度和忠诚度得到大幅提升，重点市场的海外业绩也随之提升。以加拿大市场为例，合力叉车在加拿大的市场占有率从3% 提升到了 13%。

3 年后的 2024 年 11 月，以"合链聚力共赢全球"为主题的 2024

年度合力海外经销商大会在合力工业园举行。携家人出席会议的加拿大总代理的一番话诚恳而又意味深长，"跟随合力，我从小企业成长为当地有影响力的工业车辆销售企业，这种成就感非常棒。我一定跟着合力往世界第一的方向努力，我完不成，还有我儿子……"

其次，把握机遇，站稳海外高端市场。

合力一方面大力推进海外分销网络的建设，另一方面加强海外分支结构的建设，大力推进本地化运营，大大提升了海外业务的掌控能力。

合力设立了美国合力、东南亚合力、南美合力、大洋洲合力、中东合力等多个海外运营中心；在叉车重要的目标市场欧洲，设立了位于德国的合力欧洲总部及欧洲研发中心，形成了8大海外运营中心、300多家销售代理网络的立体国际销售网络。

美国是海外叉车的高端市场，这是众多知名世界工业车辆制造品牌的必争之地，"世界叉车第一品牌"丰田叉车2023年在美国的销售额超过60亿美元。

国际品牌在技术创新、品牌认知、服务网络和市场份额等方面都有强大的竞争力；他们的产品的效率和安全，以及设备拥有的自动化、数据分析和物联网等功能占据领先地位。用户和代理商对品牌的忠诚度相当高，有的家族企业甚至几代人经营同一个品牌。

这就意味着，任何新进入美国市场的品牌都需要付出巨大的努力，才有可能赢得客户的认可和信任。

对于美国这样的高端成熟市场，安徽合力确定了稳步开发的指导方针，2019 年在美国佐治亚州亚特兰大成立合力美国公司，在竞争激烈的美国市场寻求机会。

2020 年，新冠疫情袭来，打乱了很多企业的步伐。然而，危机互现，危中有机。受疫情影响，除中国以外的海外叉车制造厂商普遍停工停产，不能稳定供货；2022 年尽管全球经济陆续从新冠肺炎疫情中复苏，但材料和运输成本仍持续上涨，供应链不畅，美国通货膨胀加剧，对叉车供给侧的生产和成本造成了重要影响。

一些国际知名品牌的北美生产基地由于发动机认证的问题停止发货，供应链出现严重问题，平衡叉车交货期长达 9 ~ 24 个月。

机会只垂青于有准备的人。在机会出现的时候，合力多年来积累形成的供应链优势发挥了关键作用。北美的国际品牌知名代理商纷纷订购合力品牌产品，开始寻求与安徽合力的长期合作。

合力北美团队在新冠肺炎疫情期间连续奋战在美国市场一线，全年无休，拜访渠道商，抢抓商机；后方的物流团队连续几个月昼夜工作，确保来之不易的订单能够顺利发出。

2022 年—2024 年，合力在北美交上了一个近乎完美的成绩单：2022 年在美国和加拿大实现了接近 10 亿元的销售收入；2023 年的业务继续保持增长势头，销售收入超过 10 亿元人民币，并建立起了超过 40 家当地经销商的销售网络。

即便是美国本土叉车供应链逐渐恢复以后,合力在美国市场的发展也在稳步推进,新的增长点在于不断扩大的新能源叉车市场和更多细分领域的新需求。

美国越来越注重环保,多州已经出台未来禁止燃油内燃叉车销售的法令,新能源搬运设备的市场份额逐渐增加。

虽然拥有数量庞大的、相当"顽固"的铅酸电池叉车用户,但美国叉车市场的未来非常明显——绿色化、自动化和电动化。

合力多年来积极推进锂电池和氢能源等新能源产品的前瞻性战略布局再次发挥了重大作用。

合力能够提供满足北美市场的全系列新能源(锂电)叉车需求,这些产品具有环保、低噪声、高效节能等特点,采用快速充电模式,只需充电两小时即可满足一个班次的工作量,且无须常规维护。

在仓储和物流业方面,为满足不同需求,合力为北美用户提供定制解决方案,包括多种窄巷道和仓储叉车。

在服务方面,合力持续加强北美市场的售后服务体系建设,持续提高配件满足率,致力于持续提供本地化支持,目标是在 3 ~ 5 年内进入北美市场的前列。

据美国《现代物料搬运》(MMH)杂志发布的"全球叉车制造商

排行榜"数据，2023 年排名全球第一的叉车生产企业日本丰田工业株式会社当年营收 163.2 亿美元；安徽合力虽然在中国企业中位居第一，但 2023 年的营收仅为 24.67 亿美元。

面对这样的行业格局和众多强手，合力海外业务的掌舵人周峻十分清醒：合力的目标就是世界五强。

有了清晰的目标、清醒的头脑，还有一支敢打硬仗、敢打胜仗的海外业务队伍，合力的下一个十年值得期待！

3.3 星邦智能：全球舞台的中国臂膀

星邦智能位于湖南省宁乡市，创立于 2008 年。16 年来，星邦智能专注于高机领域，经过多年努力，已位列全球工程机械制造厂商 50强、全球高空作业平台制造商 10 强之一，成为全球高空作业平台行业的一支不断向上的力量。

星邦智能的成长历程，也是见证中国高空作业平台行业不断自主创新，及其国际市场地位快速提升的过程。

3.3.1 白手起家：跌宕起伏出海路

2008 年，刘国良和许红霞夫妇白手起家，创办了星邦智能（前身为星邦重工）。星邦智能的英文名字 SINOBOOM 堪称神来之笔，既有"中国繁荣"，亦有"中国臂膀"的含义，既十分妥帖地代表了高空作业平台的产品形象，又充分彰显了星邦品牌的精气神。

创立之初，星邦智能就成立了国际销售组织，开启了国际市场的拓荒之旅。在美欧品牌占据绝对主导地位的全球高空车市场，星邦智能艰难而坚定地开辟了属于中国品牌的空间，边摸索，边学习。

"那时候真是漫无目标，到底哪里有市场，哪里有客户，其实并不清楚，都是一点点去尝试。"一位国际营销部的老员工回忆。

第一个海外订单就为星邦人带来了深刻教训。"客户来自新加坡，

（订单）是一台 20 米的产品，因为经验不足，产品交付之后出现一些问题，加上当时售后服务及时性不够，给这个客户造成了一些影响，后面这个客户就没有再采购公司产品了。"

早期的出口贸易帮助星邦智能快速进入海外市场，但也面临海外市场开发战略性、自主性、属地深入性不足的瓶颈。正如这位老员工所说，"我们吸取了教训，明白从国内走向海外，一定要进行充分的前期市场调研，使得客户群体方向明确。属地化运营能力也可以同步加强，才能更好地赋能客户。"

2020 年前后，星邦智能的国际化发展进入了全面本地化的新阶段，欧洲、北美子公司相继建立，并聘请了一批具有头部工程机械企业背景的专业人士加盟，国际营销总监何大伟就在这个时候加盟星邦智能。随着国际营销后台力量不断增强，运营模式的升级，人才资金机制等各种资源要素的到位，星邦智能的海外业务实现了新一轮的升级和提速。

对外，加大了对海外战略性市场的开发布局，建设"欧美日韩等发达市场＋重点新兴市场"的营销服务网络，组建深度本地化的专业组织团队；对内，推动内部支持赋能体系建设，重点在于针对海外目标市场的产品开发体系，全球后市场支撑体系，以及端对端赋能客户和渠道，直通工厂的信息化体系建设。

产品是品牌立足之本。星邦智能组建专业的海外产品团队，链接开发端和需求端，针对目标市场进行系统调研和实时监测，明确产品开发战略和改进战略，确保开发效率。

产品开发实现了模块化，在产品生命周期成本（TCO）最优的准则指引下，不断推出新品，尤其在电动化、智能化、低碳和节能方面引领行业先进水平，确保了星邦智能在产品开发上尤其是臂车产品的一贯优势和领先地位。

后市场是中国机电设备在海外市场尤其是欧美发达市场常常被诟病的短板，与国内市场的客户期待、国内供应链的完备体系相比，海外市场对后市场有截然不同的期待和要求。星邦智能更是把海外后市场体系建设当作第一品牌活动进行重点投入，采取多种手段提升海外客户满意度。

建设近200家服务网点，包括自营子公司、代理商和签约服务商，确保对海外市场客户的充分覆盖，确保48小时的响应率；

建立三级配件储备机制，以及独立的配件战略合作伙伴，确保配件的供应和满足率接近欧美品牌的标杆水平；

建设二手机网络平台，支撑星邦产品全生命周期的流转和残值确保；

建设后市场信息系统和数字物联网，高效提升服务配件的端对端沟通效率；

本地化的服务团队建设，引入行业经验和认可度高的本地化服务专家，提升后市场的沟通效率；

改进服务体系，提升客户服务质量的感知，对服务理念、服务态度、服务质量、服务测评、服务创新及技术等全方位实施规范化管理；提高客户满意度和忠诚度。

正是星邦智能在海外后市场的建设，大幅提升了差异化的品牌形象，支撑了中国高端品牌的定位，促进了星邦智能对海外大客户的逐步突破，欧洲、澳大利亚、亚太行业标杆客户逐步接受和引入了星邦设备。

1亿元、4亿元、8亿元、14亿元……这组简单的数字，展现了2020年以来星邦智能海外收入的增长情况。正是有了这样的底气，星邦智能才能豪情宣告：未来三年时间，从全球高空作业平台第10名跃升到前3名。

3.3.2 突破围堵：海外基地落地生根

星邦智能海外业务的高速发展堪称中国高空作业产业高歌猛进的缩影。近年来，中国高空作业机械产业发展迅速，销量年年猛增。

随着中国高空作业设备行业不断成熟，产品质量和性价比优势不断凸显，高空作业设备在国内实现进口替代并逐步走向全球市场。

在2023年全球高空作业机械制造商10强中，包括星邦智能在内的5家中国企业强势入围，占了全球10强榜单的一半。如果继续保持这样的发展势头，中国企业未来的全球份额及国际地位有望继续提升。

由于中国企业在海外高空作业平台市场不断攻城略地，全球市场份额持续攀升，美国和部分欧洲国家越来越倾向于使用出口管制和经济制裁等措施，对快速崛起的中国企业挥起"反补贴、反倾销"的"大棒"，实施贸易管制措施。

2021年2月26日，由美国捷尔杰（JLG）和特雷克斯（Terex）组成的美国移动式升降设备制造商联盟向美国国际贸易委员会和美国商务部提交申请，申请对原产于中国的进口移动接入设备与组件启动反倾销和反补贴立案调查（以下简称"双反调查"）。

2021年3月19日，美国商务部宣布对进口自中国的移动式升降作业平台和组件发起"双反调查"。调查产品主要包括臂式升降机、剪叉式升降机和伸缩臂叉装车及其组件。

2024年3月27日，欧盟委员会发布公告，正式对原产于中国的移动式升降作业平台发起反补贴调查。

受到类似"待遇"的不仅是高空作业平台，还有中国产品竞争优势明显的轮式装载机和挖掘机。

2023年11月15日，英国贸易救济署发布公告，应英国企业JCB Heavy Products Ltd.的申请，对原产于中国的挖掘机发起反倾销和反补贴调查。

2023年12月27日，印度财政部税收局发布通报称，接受印度商工部于 2023 年 9 月 29 日对原产于或进口自中国的轮式装载机（Wheel Loaders）做出的反倾销终裁建议，决定对中国的涉案产品征收为期 5 年的反倾销税，涉案产品为全组装［Completely Built Unit（CBU）］或半散装［Semi-Knocked Down（SKD）］的轮式装载机。

上述中国工程机械产品遭遇的海外贸易保护措施，不是第一起，也绝不会是最后一起。

作为风口浪尖上的中国高机企业该如何选择？是进是退？是回避还是进取？

星邦智能没有退避，而是选择到全球最大的高机市场欧洲和北美投资建厂，落地生根。

星邦智能海外制造的第一个落点选在了东欧的波兰。2022 年 5 月 30 日，第一个海外生产基地波兰生产基地正式实现批量生产，这是星邦智能国际化战略具有标志性意义的里程碑事件，也是中国高空作业平台制造商首家专业海外制造基地。

该基地位于波兰西部波兹南市，靠近德国，整体建筑面积约 2 万平方米，主要生产满足海外主流市场需求的电动剪叉、越野剪叉、曲臂和直臂式高空作业平台等产品，年产能可达 2 万台，可快速辐射欧洲本地和其他海外市场。

工厂从 2021 年 6 月开始筹划，从选址、建设、产线安装、本地化团队招聘和培训，到实现投产，不到一年时间。

"克服的困难，一言难尽。"曾经担任基地财务的陈赛梅经理回忆，但在团队的紧密合作下，一系列困难都迎刃而解。

星邦智能波兰基地的使命是"In Europe for Europe"，即"在欧洲，为欧洲"。然而，并非只要在欧洲的土地上修建厂房和生产线，就可以实现这样的目的。

此后，星邦智能将大量的精力和资源投入到了搭建符合欧洲要求的本地供应链上面。

2024年7月，星邦智能欧洲事业部举行了一次欧洲经销商大会和国际媒体新闻发布会。在活动中，星邦智能向现场嘉宾展示了自身在欧洲本地化的智能制造实力，并介绍了在构建欧洲供应链方面的进展和成果。

欧洲本地合作伙伴、关键客户云集，专业媒体竞相报道中国高机企业在欧洲的第一家制造基地。

在当地媒体的报道中："星邦智能波兰制造基地组织完善，运行良好"，更加重要的是，"短短两年之内，星邦智能欧洲已经搭建起了一个国际化和欧洲本土化相结合的供应链体系，星邦智能的供应商来自中国、波兰、德国、意大利、北美、印度、越南等，达到了欧洲制造的法规要求，令人印象深刻……"

在星邦智能的全球市场布局中，欧美市场是重中之重。2024年8月7日，星邦智能第二家海外制造基地落地墨西哥瓜纳华托州锡劳。

星邦智能墨西哥工厂地理位置优越，位于墨西哥三大城市墨西哥城、瓜达拉哈拉城、蒙特雷组成的三角地区中心地带，距离墨西哥太平洋重要港口曼萨尼约、大西洋重要港口维拉克鲁斯、美墨边境重要口岸新拉雷多都在一天的车程之内。

继波兰工厂之后，墨西哥工厂是星邦智能"走出去"的重要落子，将进一步完善星邦智能的全球化战略布局，更好地满足全球用户尤其是北美市场的需求，进一步提升星邦智能在全球市场的竞争力和占有率。

项目得到了墨西哥瓜纳华托州政府的大力支持，星邦智能得以在最短的时间内组建优秀的项目团队，以最短的时间破土动工。

星邦智能墨西哥工厂占地 280 亩（约合 18.7 万平方米），产品线将涵盖剪叉式、越野剪叉式、曲臂式、直臂式、叉装车及桅柱式高空作业平台。预计到 2028 年，年产量将增至 20 000 台。

星邦智能董事许碧霞表示，虽然全球市场疲软，但星邦智能凭借着市场竞争中的优势和优质的产品，始终保持高质量发展。星邦智能墨西哥工厂将成为公司全球网络中的重要一环，为全球客户提供更优质的产品和服务。

过去数年间，全球高机市场暗流涌动，云谲波诡。星邦智能经受住了欧美高端市场的贸易摩擦，在曲折和不确定中坚定前行。星邦智能始终坚持全面国际化战略、本地化运营，保持海外业务健康发展。

当地时间 2024 年 12 月 2 日，欧盟委员会发布关于移动式升降作业平台反补贴调查不采取临时措施的通告。得知这个"好消息"，星邦人并没有松一口气，而是继续咬紧牙关，将目光投向下一个目标。

谈到星邦智能经历的重重挑战，星邦智能总经理许红霞淡定地说："星邦智能的发展壮大，都是年复一年，克服了重重困难走过来的。未来不管有多大的困难，星邦智能的路一定会越走越宽！"

3.3.3　雁阵模式：从产品出口到产业链出海

中国制造出海一定要有自己的明星产品。多年来，星邦智能精准对接海外市场动态与客户需求，不断研发出爆款产品。

2023 年，星邦智能在海外市场推出了 10 米电动窄系列小曲臂 AB10ERJN、16 米电动四驱重载型的越野曲臂 AB16EJ Plus、4 米桅柱 VM04E 及 14 米柴动直臂 TB14J Plus 等 4 款畅销产品。同时积极听取海外客户的意见，结合客户实际需求，针对性地优化和改进了数十项产品配置，进一步丰富了产品线，满足了高端客户的个性化定制需求。

优质的产品和服务赢得了优质客户的信赖。

星邦智能吸引了越来越多的国际头部客户。目前星邦智能已成功与全球 TOP50 头部租赁商中的 17 家达成合作，包括全球第一的美国联合装备，第二的中国宏信建发，第五的 Loxam 及日本第二的

Nikken Corporation 等。

这些合作伙伴在全球范围内拥有广泛的租赁网络和强大的品牌影响力，为星邦智能在全球市场上快速渗透和推广产品提供了强有力的背书。

在董事长刘国良眼中，"星邦智能的全球化是大势所趋，目前高空作业平台国产品牌在中国的市场占有率已超过90%，要想保持高速发展，拓展全球市场是终极之路"。

作为研发出身的领导者，刘国良一边关注星邦智能产品出口，一边关注供应链的协同出海，他坚信企业的海外竞争力不仅是产品的竞争力，更是背后整条产业链的全球竞争力。

近年来，刘国良花费大量时间调研海外市场。在确定落地墨西哥之前，刘国良数次带队奔赴墨西哥，实地开展调查。在每次考察墨西哥的团队之中，都会有星邦智能的核心供应链企业随行。

星邦智能希望在墨西哥开创一个出海新模式，牵手优质供应链伙伴，即供应链"雁阵"模式：星邦智能作为头雁领飞，优质供应链企业加入雁阵伴飞，一起高效协同出海。

回望星邦智能的全球化历程，公司已经在欧洲、北美、中东、拉美等区域建设10余家海外子公司，覆盖全球几乎所有的重点区域市场。

展望未来，星邦智能将不断完善本地化部署，为海外市场提供专业、高效、便捷的本地化支持，致力于为全球客户提供更加安全高效的高空作业解决方案。

真正国际化的企业需要获得不同国籍员工对公司文化、价值、经营理念等各要素的认同，星邦智能一直在朝这个方向努力。

星邦智能波兰工厂建厂伊始，一直在积极构建本地化团队。

"海外子公司的成立，员工的本土化，能够协助将营销前移，贴近客户、响应客户要求，大幅提升客户满意度。"

许红霞既是星邦智能的总经理，也是当之无愧的海外业务第一人。她几乎飞遍了全球各个角落，平均每年要飞行超过 10 万千米，拜访过星邦智能每一个海外合作伙伴和关键客户。

和创业初期的 2008 年相比，如今星邦智能的全球化事业已经完全不可同日而语。星邦智能已经在全球设立了超过 10 家子公司，欧美等主要市场的研、产、供、销、服网络已搭建完成，并拥有两个海外生产基地，全球化进程正在全速推进。

"星邦智能的目标是从当前的全球第 10 名，跃升至前 3 名。"许红霞满怀信心地表示，"星邦智能将继续加速全球化布局，深耕本土化战略，提供满足全球客户需求的最好产品与服务，面向全世界，张开中国臂膀……"

3.4　申亿精密：大国重器上永不松动的螺丝钉

在中国工程机械领域，来自湖南的"湘军"已经成为一种现象。长沙是全国第一、世界第三的工程机械产业集聚地。作为"世界工程机械之都"，长沙已培育出多家"全球工程机械 50 强"企业，长沙市工程机械集群成为首批入选并通过验收的国家先进制造业集群，在智能化、绿色化、全球化等方面树起标杆、引领行业。

不仅在国内市场占据明显的优势，数十家工程机械产业链上的"湘企出海"已成奔涌之势，蔚为壮观。

创造出海新大陆的，不仅是那滚滚的波浪，也是波浪底下细小的泥沙。

在主机企业征战全球市场的背后，是众多工程机械供应链企业在默默地发挥着关键的作用。

尽管这些工程机械供应链企业所处的赛道细小，名声也远不如头部企业如雷贯耳，但其作用不可替代。

湖南申亿精密零部件股份有限公司就是这样一家企业。

作为国内最大的工程机械紧固件、连接件企业，申亿精密埋头深耕行业三十余年，形成了研发、制造、检验、产品产业化的完整产业链，与三一集团、中联重科、中国铁建、山河智能、星邦智能等领军企业建立了长期战略合作关系，为"湘军出海"提供了强有力的保障，也得到了优秀企业的高度认可，实现了国内工程机械紧固件配套细分领域市场占有率第一的业绩。

3.4.1 一米宽，一千米深

"机械基础零部件的重要性堪比盐对于人体的重要性，盐粒虽小，但对于人体却不可或缺"，申亿精密董事长王凯波这样说。

王凯波是机械专业科班出身，这一背景就注定了申亿精密要走技术服务路线。申亿精密笃信"服务承载责任，技术赋能价值"的理念，三十年间，申亿精密坚持绝不单纯粗暴地利用降价抢占市场，而是用心理解客户深度需求，在保证质量的前提下，追求综合成本最优，真正为客户提供一站式的综合技术解决方案。

通过潜心研发，申亿精密突破了紧固件的关键核心技术，实现了工程机械关键部位、关键核心紧固件的进口替代，让中国工程机械设备用上了"自家"的紧固件。

无论是长沙磁浮线上的道岔螺栓，还是黄花国际机场 T3 航站楼的钢结构螺栓和网架螺栓，抑或是张家界百龙天梯的钢结构螺栓、三一世界最大吨位履带起重机的回转支撑螺栓……均由申亿精密提供。

深受客户信赖的背后是出色的研发创新能力。申亿精密联合国内头部钢厂成立长株潭技术创新联合研发中心，发挥双方优势，超前创新开发耐候冷镦钢和关键零部件。

新研发的关键零部件——耐候冷镦铆钉属国内首创，这次联合将解决机械基础零部件在大气环境中的耐蚀难题，提升企业的效益和核心竞争力。

创新不仅是从无到有，而是从有到优，申亿精密把研发投入在每一个细节上，不断试验新的材料和新的工艺。申亿精密坚信：只有在研发上永不松懈，才能成为"大国重器上永不松动的螺丝钉"。

3.4.2　创新服务模式，解决用户痛点

服务于中国乃至全球最优秀的工程机械领军企业，绝不是一件简单的任务。经过多年积累，申亿精密已经摸索出了一套独特的服务模式。

物流方面：申亿精密紧随下游客户的制造基地布局，仓储供应系统遍布全国，在产业链布局的区域集中建设大型物流配送中心和检测中心，全国共设有 50 多个服务网点。

为了满足主机制造企业对高品质、短交期、零库存和定制化的迫切需求，经过多年摸索，申亿精密研究出了一套供应商管理库存（SVMI）模式。这种模式能够实时监控库存水平，并根据库存水平做出补货决策，真正实现供应链管理的零库存。

售后服务方面：申亿精密首创的嵌入式驻场技术指导和服务模式备受业界推崇，技术品质控制能力和诚信经营的品质得到了业界首肯。

不仅如此，申亿精密的专业性也得到了行业组织的认可，参与制定行业标准，具备了行业检测和认证资质。

在制造业中，标准是最基础的数据支撑，是衡量产品质量和性能的标尺，是提高产品竞争力的保证。

申亿精密成为国家标准化管理委员会委员单位，参与修订国内及国际标准100余项。力争将标准嵌入工业软件中，确保每一个生产环节都符合设定的标准，生产出具有市场竞争力的产品。

作为国家级专精特新"小巨人"企业，申亿精密是国内紧固件领域唯一具备技术研发、先进生产、综合检测、专业验证四大能力的龙头企业。申亿精密引入行业资源组建工程机械标准检测认证研究院，打造集工程机械"标准验证—产品检测—技术咨询—二手装备平台—进出口服务"于一体的产业公共服务平台。

· · · ·

由奥地利文学巨匠斯蒂芬·茨威格撰写的《人类群星闪耀时》被称为传记文学中的瑰宝。这本书跨越了不同的时代和地域，聚焦于历史上14个极富戏剧性的瞬间。

茨威格以诗人的敏感和艺术家的视角，追溯历史的真实，赋予每个瞬间以生命。这些精彩的历史片段不仅描述了那些传奇人物的高光时刻，也生动地展现了他们与命运抗争时展露出的勇气与智慧。

我国的制造业正处于历史性时刻。一大批中国制造企业经过数十年的发展，业已在国内市场牢固根基，正在大步迈向全球市场。

在各个细分赛道上，都有这样的优秀企业脱颖而出，前赴后继，绽放光芒，构成了世界舞台上的中国制造单项冠军群像。

在高端装备制造行业，重型设备领域的太原重工，煤机领域的天地科技和郑煤机，起重装备领域的卫华重工，叉车行业的安徽合力和杭叉集团，高空作业平台领域的浙江鼎力、星邦智能和临工重机，矿用宽体车领域的同力重工和临工重机，环保装备领域的盈峰环境和福龙马，绿色循环建材设备及技术解决方案领域的南方路机，散料输送设备领域的焦作科瑞森，隧道施工和矿山开采设备领域的湖南五新装备，移动破碎筛分领域的广西美斯达和云南凯瑞特，沥青混合搅拌设备领域的铁拓机械和德基科技，应急抢险救援设备领域的詹阳重工，叉装车领域的晋工机械，以及类似申亿精密的供应链上的众多特色企业，都是其中的典型代表。

他们数十年磨一剑，在各自的专业领域形成了专业优势和业务护城河；

他们孜孜不倦，敢于创新，力求保持持久的行业领导力；

他们开疆拓土，勇敢走向海外市场，展现雄厚实力。

仰望星空，他们像是天空中闪烁的群星，撑起了中国制造的漫天星光；

脚踏实地，他们像是奥运会各个比赛项目的参赛选手，不畏强手，代表中国队在全球最高水平的竞技舞台上发力奔跑；

奔流入海，他们像是飞速疾驰的舰艇，构成了中国制造扬帆远洋的庞大舰队，百舸争流，驶向远方……

第四章

能　力

——破卷之道

不知从何时开始，"内卷式"竞争渗透到了很多的中国产业之中。

简单来说，"内卷式"竞争就是企业为了争夺市场份额，通过降低成本、压缩利润，甚至采取不正当手段，导致行业陷入无序竞争，进入恶性竞争阶段。

这样的恶性循环，不仅严重削弱了企业的盈利能力，而且会扼杀企业的创新动力，使企业间的竞争逐渐演变成一种低水平、无底线的内耗，长此以往，甚至可能拖垮整个行业的健康生态。

更有甚者，部分行业的恶性竞争已经从国内蔓延到海外。《百家中国制造企业出海调查报告》显示，中企之间在海外市场的竞争逐年恶化，已经超过了中国企业和跨国公司以及海外本地企业之间的竞争。这一现象，和地缘政治冲突、全球经济增速放缓、贸易壁垒阻碍，构成了现阶段影响中国企业海外健康发展的四大关键挑战。

即便是光伏、电动汽车这些朝阳产业，也未能幸免。众多企业好似困境中的囚徒，深陷其中，苦不堪言，却无法自拔。

企业界如何破卷？

科技创新，无疑是破卷第一良方。企业只有长期投资于技术创新领域，占据科技制高点，才有摆脱低水平恶性竞争的底气。

2025年年初，聚焦于人工智能领域的DeepSeek（深度求索）和机器人领域的宇树科技（Unitree Robotics）横空出世，海外媒体将这两家新型科技企业视为"中国创新2.0"的代表，中国科技品牌从"性价比标签"升级为"技术领先符号"。DeepSeek、宇树科技的战略选择和发展路径对中国企业建立全球科技竞争力与破解"内卷式竞争"具有重要启示。

他们以技术深度打造差异化优势，以全球化视野开拓市场，以生态合作提升效率，以长期投入构建可持续竞争力。DeepSeek和宇树科技的实践表明，只有跳出"成本竞争—利润压缩—创新乏力"的恶性循环，拥抱"技术突破—全球市场—生态共赢"的发展范式，才能实现从"跟随者"到"引领者"的跨越。

除了科技创新的硬实力，基于多年的出海实践研究，出海领航认为：软实力是中国企业竞争力的重要组成部分，只有高度重视软实力建设的企业才能在全球市场中打破低水平恶性竞争的负向循环，品牌、服务、文化和人力是构建海外软实力、破解内卷式竞争的四剂良方。

品牌塑造，铸就客户信赖；服务制胜，赢得业界口碑；文化融合，搭建信任桥梁；人才为本，汇聚全球智慧。

4.1 品牌塑造，铸就客户信赖

企业要想在全球范围赢得市场或许需要具备一些技巧，但想成为伟大的、受人尊敬的全球企业，品牌力的建设不可或缺。

缺乏差异化品牌的企业，往往只能依靠价格优势来换取销量，毫无疑问，这是一种不可持续的竞争方式。要走出价格战和内卷化的泥沼，品牌力的建设是实现竞争突围极为重要的一环。

近年来，中国出海企业的品牌化战略被迅速提上日程。从"爆款打造"到"品牌塑造"，优秀的中国企业正经历着从追求短期效益向创造长期价值的转型，通过构建具有辨识度的品牌，与全球消费者建立更为深厚和持久的联系。

4.1.1 不做中国的耐克，要做世界的安踏

早在 2005 年，安踏创始人丁世忠就以一句"不做中国的耐克，要做世界的安踏"，展现出了非凡的壮志雄心以及对国际市场的远大愿景。

21 世纪的前十年是中国鞋服行业发展的红利期，安踏抓住了这一机遇，于 2007 年在港交所成功上市，随后便将目光对准了全球市场。

安踏的国际化路径清晰明了，主要分两大步。

第一步是"买进来"（2009 年—2018 年）。这一时期，安踏主要

收购国外运动品牌，丰富品牌矩阵，推动品牌升级，积累国际市场及成熟海外品牌的运作经验，促使国际优秀品牌的价值在中国市场落地开花。

2009年，安踏以4亿元收购了国际知名时尚运动品牌斐乐（FILA）在大中华区的商标权和经营权。这一收购不仅丰富了安踏的品牌矩阵，而且帮助安踏积累了运营国际品牌的宝贵经验。FILA逐渐成为安踏的第二增长曲线。

此后，安踏相继收购了迪桑特（DESCENTE）、可隆（KOLON SPORT）等知名运动品牌，实现了主要运动场景（如专业运动、时尚运动、户外运动）的全覆盖。

第二步是"走出去"（2019年至今）。2019年，安踏完成了对芬兰体育用品行业巨头亚玛芬体育（Amer Sports）的收购。亚玛芬体育麾下拥有诸如始祖鸟（Arc'teryx）、萨洛蒙（Salomon）及威尔逊（Wilson）等一系列知名品牌，此番收购标志着安踏开启了深度全球化的新征程。

收购一系列国际品牌，有利于安踏利用已有品牌的知名度和影响力快速打入海外市场，减少自身品牌在国际化过程中遇到的阻力。2023年，亚玛芬体育在美国纽交所递交首次公开募股申请。借着旗下品牌上市的契机，安踏在北美和东南亚等市场逐步开始布局，2023年在新加坡核心商圈开设新店，当年年末在菲律宾和马来西亚门店数均达到40家。

2021年，安踏品牌战略升级，将品牌塑造作为全球发展的基石，以"单聚焦、多品牌、全球化"的全新战略，在全球市场打造多品牌差异化定位。

安踏主品牌在中国市场以大众定位为基础，提供高性价比的运动产品，覆盖多种运动品类。在销售模式上，主要采取DTC模式（Direct-to-Consumer），即绕过传统分销渠道，直接向消费者提供产品或服务的商业模式。

在欧美市场，鉴于欧美运动鞋服市场的成熟，安踏对品牌进行了重新定义：面向中高端市场，从篮球鞋品类谨慎切入。在渠道上选择了与主流零售渠道合作，如Foot Locker和Dick's Sporting Goods，以增加品牌曝光度。同时，积极开展跨界合作，与不同领域的品牌、IP或明星联名，推出具有话题性和独特设计的产品，吸引更多海外消费者的关注。

始祖鸟原本是一个小众的专业户外品牌，在安踏的运营下，在产品设计上融入了更多的时尚元素，拓展至更广泛的消费群体，品牌影响力不断提升，逐渐转型为备受追捧的高端潮流品牌。

迪桑特则主打专业高端运动，专注于滑雪、高尔夫等小众但高净值的运动项目，凭借卓越的科技与精湛的工艺，为专业运动员及资深运动爱好者提供顶级装备，在全球特定高端运动圈层树立起专业权威的形象，逐步拓展其在全球高端运动市场的份额。

除此以外，安踏不断加大对环境、社会与治理（ESG）领域的投入。

2024年4月22日，安踏首家碳中和概念店——ANTA ZERO 0碳使命店于上海武康路98号正式开业，这是安踏集团在宣布"2050年实现碳中和的目标"后的重要一步。

安踏的多品牌战略和全球化之旅相得益彰。通过坚持"品牌＋零售"的商业模式、实施多品牌战略、注重本地化运营和精细化管理、加强品牌塑造和品牌价值提升等，安踏在全球化道路上取得了亮眼的成果。

安踏在海外市场本土化及营销方面也已形成较为成熟的体系。

第一，建立本土消费者画像，开展精准营销。

安踏深入了解了北美等关键市场及其消费者的核心特征，包括多元人群圈层、需求场景、消费层次和营销节点等，建立了消费者画像，制定了具有针对性的营销策略。

"Z世代"的年轻消费者对社交媒体上的新鲜事物和潮流趋势具有较高的敏感度，因此较适配华丽且小众的潮牌风格；中青年的上班族和健身爱好者则更注重生活与专业运动表现，对运动装备的需求量和需求深度较高。

在北美市场，安踏意识到，北美年轻一代球迷对欧文华丽的球风和出色的关键球能力颇为崇拜，中青年消费者也对其名下的运动装备充分信赖，一度将其战靴推上耐克销量第二（仅次于詹姆斯）的位置。

2023 年，安踏牵手欧文，打造中高端产品欧文一代 KAI 1 球鞋，同时筹划"青少年篮球训练营"等项目，联动北美消费者。由于不同地区消费者的需求和偏好存在差异，因此诸如联合欧文打造训练营一类的本地化策略有助于满足消费者的多元化需求，提升用户体验。

第二，利用海外社交媒体平台，对网站和门店展开线上营销。

安踏利用 Facebook、Instagram 等社交媒体平台进行品牌宣传和产品推广，通过 KOL 营销、话题活动营销等方式吸引"Z 世代"消费者。如在圣诞节期间推出的 #MysterysANTA 活动，在 Facebook 和 Instagram 上号召粉丝为自己的朋友争取神秘礼物，不仅在营销上具有新意，还展现了对海外文化的尊重和融合。

安踏官方在 Facebook 和 Instagram 账号上保持着较高的更新频率，并针对各个市场建立了 Anta Philippines（安踏菲律宾）、Anta Malaysia（安踏马来西亚）、Anta Egypt（安踏埃及）等多个账号。这些账号发布的图片质量较高，达到了露出产品和品牌标识的效果，同时可直接链接至官网，吸引目标消费群体进行有效转化。

第三，紧追互联网流行趋势，开展借势营销。

在 2024 年巴黎奥运会上，安踏为中国代表团设计领奖装备，通过奥运会的镜头向全世界观众推介品牌，提升了品牌的国际形象和认知度。安踏打造的新 IP "灵龙 LING LOONG"，以及设计的领奖服，均融合了"龙鳞""龙须"等传统中国元素，将中国精神远播海外。

通过洞察海外市场对环保等议题的关注度，安踏发起了一场名为"山河计划"的环保行动，收集废旧塑料制品，以循环再生科技打造奥运领奖装备，塑造了环保低碳的企业形象。

4.1.2　捷途速度，开启"旅行 +"的无限可能

神秘的埃及金字塔是世界七大奇迹之一，也是埃及古老文明的象征，作为古埃及法老（即国王）和王后的陵墓，因其形似汉字"金"字而得名。

金字塔的夜晚灯光秀是埃及旅游不可错过的精彩节目。灯光以岩石为幕布，诉说着埃及的古老传说。岩石幕布上显出的图像有神像、壁画，还有法老和他妻子的画像，宛如真人饰演，栩栩如生。狮身人面像时明时暗，远处的三座金字塔为背景，时而色彩变幻，时而光影流动。

2024 年 8 月 8 日，来自中国的捷途汽车在埃及金字塔景区举办了品牌焕新暨新品上市活动。作为首个在金字塔景区举办上市活动的中国汽车品牌，捷途汽车全球"旅行 +"品牌战略再加速。

在一众中国汽车加速出海的征途上，捷途汽车是一匹不折不扣的黑马，凭借其独特定位与品牌战略，另辟蹊径，跑出了一条独特的海

外发展之路。

捷途汽车是奇瑞控股集团旗下的汽车品牌，诞生于 2018 年，当时正值国内汽车市场最为艰难的时刻。传统汽车格局正在重构，燃油车市场占比快速下降。面对严峻的环境和拥挤的市场，捷途汽车另辟蹊径，创新性、前瞻性地瞄准了旅行越野 SUV 这一细分赛道，将"旅行 +"作为品牌的核心定位，全面满足新一代消费者的出行需求。

在产品塑造方面，捷途汽车围绕"旅行 +"的核心理念，从家庭旅行和越野旅行两大场景出发，不断丰富产品线，涵盖了从紧凑型 SUV 到中大型 SUV 等不同级别的产品。

在技术创新方面，捷途依托奇瑞控股的强大技术实力，紧跟行业趋势，不断引入先进技术和设计理念，打造出海外市场期待的新能源车型，为突破海外市场提供了强劲动力。

捷途汽车迅速在全球范围内铺展其业务版图。2023 年捷途汽车的海外销量成功突破 10 万辆大关，同比增长率高达 147%，这一成绩远超行业普遍水平。截至 2024 年 10 月，捷途的销售与服务网络已遍及全球 60 多个国家和地区，深入中东、非洲、中南美洲、亚太地区及中亚等多个重要市场。

在汽车产品日益同质化的今天，仅有技术和产品作为支撑是远远不够的，作为品牌与用户的桥梁，用户体验才是品牌最牢固的护城河。

凭借全球生态品牌"JETOUR LIFE"的强大内核，捷途携手全球领先品牌及资深旅行探索者，共同发掘并拓宽"旅行"生态的无限边界，致力于为全球旅行爱好者打造极致的旅行体验。

捷途推出的全球用户品牌"捷途同行 Traveler"，以探索与分享为核心，精心构筑了一个充满活力的社交平台，旨在与用户建立起积极、健康的互动纽带。

在海外营销方面，捷途汽车采取了高度灵活的手法，紧密贴合不同地区的文化特色，体现品牌的差异化，使捷途品牌以更加生动、本土化及多元化的面貌融入国际市场。

在中南美地区，捷途汽车赞助秘鲁、厄瓜多尔、乌拉圭等地的知名足球俱乐部，深度融入当地体育文化。在埃及、阿联酋，捷途成为首个点亮当地地标式建筑的中国汽车品牌，抢占品牌制高点。借助这一系列与本土文化的深度交融和互动，捷途汽车有效地拉近了与当地消费者的心理距离，显著增强了客户对品牌的好感度与忠诚度。

捷途汽车将提升用户体验作为品牌价值的核心，不断深化"旅行+"生态布局，逐步打造出一个覆盖全球的旅行服务网络。

截至 2024 年年底，捷途已在全球范围内成功建立了超千家捷途驿站，并精心开发了超千种全球生态精选产品，全面覆盖了景区游览、住宿体验、餐饮享受、露营休闲等六大核心旅行场景的需求。

诞生于汽车行业超级内卷时代，以前曾有人感叹捷途汽车的"生不逢时"，但如今回望，精准的消费者定位和品牌策略让捷途的诞生显得"恰逢其时"。

当众多汽车品牌尚未觉醒于旅行越野领域的蓝海时，捷途已敏锐地抢占先机，在这条新兴赛道上拔得头筹。它深耕细分市场，不断巩固并深化其独特优势；聚焦品牌内核，在全球范围内树立了独特且值得信赖的"旅行＋"品牌形象。这份独特的品牌DNA，让捷途成了全球旅行爱好者的首选，展现了其日益强大的品牌魅力。

4.2　服务制胜，赢得业界口碑

中国企业，尤其是制造型企业迈出国门，大多面临着一个艰巨的挑战：如何在全球范围内为客户提供高质量的服务？

出海领航曾经面向某家大型制造企业的 100 余家海外经销商，开展了一次全球性的服务满意度调研，调研结果非常具有代表性：大部分海外分销商认为中国企业的产品品质、产品供应能力、新产品开发速度已经领先日本、韩国等国的企业，但是售后服务、零部件支持却是明显的短板。

这并非少数企业的个别现象，大量中国制造企业走向海外，仍旧存在着重商务、轻服务，重短期销量、轻长期深耕，重增量市场、轻存量市场，重市场份额、轻客户满意度的现象。

出海领航团队多年来一直坚持走出国门，深入海外市场一线，最让我们印象深刻的场景之一就是全球领军企业数十年如一日投资在客户服务领域。

在摩托车消费大国印度尼西亚，本田摩托车的服务网点几乎遍布每个村庄，随时解决用户需求；在农业大国阿根廷，驱车行驶在公路上，会不时看见"世界农机巨头"美国约翰迪尔公司特有的标志：一头黄色的小鹿从公路两旁跳出来，那是无处不在、密度极高的约翰迪尔农机售后服务站。在中国新能源汽车出海的热门市场泰国，中国汽车企业势头凶猛，销售增长明显，但是我们还是要承认，与深耕本地市场数十年，以丰田为代表的日本汽车企业相比，至少在当下，服务力还是中国汽车企业的明显短板。

从本质上看，服务是一系列精心设计的行动，目的是将细致入微的关怀融入客户的整个生命周期之中。卓越的服务能够为企业树立良好的信誉与口碑，为客户创造更大的价值，进一步提升自身的市场竞争力。

服务业务受行业周期性影响较小，市场需求相对稳定，能够为企业提供稳定的营收和利润来源，特别是在行业下行周期，能够避免企业营收和利润波动，提升企业的韧性，帮助企业穿越剧烈波动的行业周期，保持基业长青。

4.2.1 售后服务：海外业务胜负手

回顾中国企业的出海历程，不乏因忽视后市场服务而折戟的先例。

20 世纪初，中国摩托车凭借其低廉的价格，强势进军东南亚市场，一举占据了高达 80% 的市场份额。正当众人以为"东方大国"摩托车将稳坐东南亚市场"摩托车之王"的宝座时，中国摩托车市场份额竟在短短数年间急剧下滑至不足 5%，其中一个深刻的教训就是未能充分重视售后服务的重要性。

这一代价十分昂贵，被新一代的出海企业作为反面教材不断自我警醒。

客观地说，与国内市场相比，在海外提供售后服务确实存在更严峻、更现实的挑战。

海外市场与国内市场存在显著差异。这些差异涉及物理距离、基础设施、物流运输、技术标准、商业惯例、结算体系、人员能力及政策法规等多个层面。

无论国内的运营模式多么成熟稳健，一旦踏上国际化的征途，中国企业就不得不面对一系列全新的挑战。

以新能源汽车为例，我国新能源汽车企业已经遍布全球，涉及西欧、东南亚、中东及拉丁美洲等多个国家和地区，真正做到了天南海北无所不在。如何在广阔而复杂的海外市场开展汽车后市场服务，成为摆在中国企业面前的关键挑战。

中国新能源汽车企业在欧洲建设服务网络，需要投资建设本地化的维修保养网络，与欧洲本地汽车经销商、维修连锁机构及汽车俱乐部合作，缩短消费者与售后服务的距离，从而建立长期信任。

不仅在客户端，整个产业链必须高效协同。在产品设计环节，需要严格执行欧洲品质标准；在制造环节，需要高度重视品质管控与质量保证，对电池安全、耐久性、零部件可靠性进行严苛测试。

中国新能源汽车企业还要考虑欧洲的基础设施建设情况。在欧洲，各国充电网络建设进度不一，北欧和西欧国家的基础设施较为完善，东欧与南欧部分地区的充电桩密度相对不足。对中国汽车企业而言，缺乏统一、完善的充电标准和网络布局将影响用户体验与品牌美誉度。同时，在车桩互通、支付方式、软件接口等技术细节上，欧洲尚未完全统一，这给中国汽车企业的适配与研发提出了难题。

售后供应链管理也是决定服务成败的关键。备件的供应直接影响服务的时效和品质，进而影响客户满意度。由于涉及的国家和地区范围更大，备件派发周期还会受到物流运输等因素的影响。企业需要建立高效的备件管理体系，确保备件能够及时、准确地送达客户手中。

中国汽车企业必须积极创新商业模式与服务生态，尝试提供整合充电服务方案，如 App 端整合交付、车辆远程诊断与预约保养服务，提升用户对中国品牌车辆的使用便捷度和满意度。

值得庆幸的是，新能源汽车产业链上的优秀企业已经快速行动，正在迅速建立完善的全球售后服务体系。

吉利汽车积极与当地经销商合作，在全球范围内逐步布局体验中心和售后服务网点，以确保车主能够享受及时、便捷的售后服务；蔚来汽车在挪威、德国、丹麦、瑞典、荷兰等欧洲国家积极建立全面的销售和服务网络，包括蔚来中心、换电站、充电地图等设施，为蔚来车主提供全方位的售后服务支持。

2024 年，宁德时代隆重推出了其针对后市场的独立品牌——"宁家服务"，不仅标志着其在电池全生命周期管理上的深化布局，更预示着其服务网络的全面升级。

"宁家服务"业务覆盖广泛，包括电池基础保养、维修检测及移动救援等，同时还搭建了完善的人员培训体系。截至 2024 年年底，宁德时代在全球范围内已经建立了近千家售后服务站，正在构建一个全球化的服务网络。

海外售后服务体系的打造与完善并不是新能源汽车行业的专利，其适用于所有行业。

e-works 智能制造在线评估平台对 247 家已涉足海外市场的中国制造企业的调研结果显示，60% 的制造企业把售后服务体系建设作为拓展海外业务的重要发力点，在海外经营机构的布局上，选择了建立海外营销服务中心。

4.2.2 海外服务的共进之旅

中国企业的出海历程不断演进。从最初简单的出口贸易，以代工生产和经销代销为主，逐渐发展到如今注重以技术创新和优质服务塑造品牌，进行全球化品牌建设。在这一过程中，服务作为连接企业与用户、塑造品牌形象的关键环节，正经历着从量变到质变的深刻进化。

1. 服务化：从产品出口到服务配套

早期的中国企业出海，多集中在制造业领域，通过出口产品初步接触海外市场，海尔、美的等家电企业是这一时期的代表。它们凭借价格优势和良好的产品质量，在海外市场上赢得了初步的成功。这一阶段，服务往往被视为产品销售的附加品，侧重于售后维修等基本功能，缺乏系统性和差异化。

随着市场竞争的加剧和消费者需求的多元化，中国企业开始意识到优质服务对提升品牌竞争力的重要性。它们逐渐将服务纳入业务战略的核心，从被动响应转向主动服务，通过建立海外服务中心等方式，初步构建了国际化的服务网络。

海尔是较早意识到这一点的企业之一。1999年，海尔在美国南卡罗来纳州建立了第一个海外工厂，实现了从产品设计、生产到销售的本地化。完善的售后服务体系是海尔海外本地化经营的重要组成部分，包括设立维修中心、呼叫中心和配送网络等，确保用户能够享受到及时、专业的服务。这一举措不仅提升了海尔的品牌形象，还为其赢得了大量忠实用户。

2. 本地化：从服务配套到本地融入

随着深入拓展海外市场，中国企业开始更加注重服务的本地化。这不仅意味着企业在语言、文化上的适应，更重要的是企业深入理解了当地用户的需求与习惯，能够提供符合其期望的产品和服务。

在印度尼西亚等国家，面向矿山企业客户的实际需求，三一重工、广西柳工、临工重机、同力重工等企业，为客户量身定制了大客户售后服务方案，以创新模式设立了矿区服务站，提供现场服务、配件供应、现场培训、品牌展示、增值服务五位一体的服务体系，真正实现了服务及时、配件直达、收益增加、客户满意的目标，中国企业在矿山市场的市场占有率大幅提升。

企业开展海外业务并不只是为了卖出产品，而是通过这些本地化的售后服务，为用户提供持续的支持，真正成为客户运营中的一部分。这种本土化的服务策略使得优秀企业在海外市场赢得了广泛的赞誉和可观的市场份额。

3. 数字化：从人工服务到智能服务

随着数字技术的飞速发展，中国企业积极拥抱数字化转型，将人工智能、大数据、云计算等前沿技术应用于海外服务体系中，不仅极大地提高了服务效率和响应速度，而且使服务更加智能化、个性化。通过智能客服系统，企业能够实现 7×24 全天候服务，快速解决用户问题；利用大数据分析，预测用户需求，提前优化服务流程。

在阿里巴巴的全球化战略中，数字化服务是重要的一环。通过引入本地管理人才和推行多元文化，阿里巴巴推动了业务与文化的融合。同时，阿里巴巴还利用大数据和人工智能技术，为全球用户提供个性化的购物体验。在海外市场，阿里巴巴的电商平台能够根据用户的浏览历史、购买记录等信息，精准推荐商品，大大提高了用户的购物满意度。

数字化转型不仅提升了中国企业的国际形象，也为全球服务行业树立了数字化转型的典范。

4. 生态化：从单一服务到生态构建

当前，中国企业在海外市场已不局限于单一的产品或服务，而是致力于构建一个开放、合作、共赢的全球服务生态。通过与国际伙伴的战略合作，共同开发新产品、新技术，共享资源与市场。

中国企业积极参与国际标准制定，推动服务标准的国际化，为全球服务行业的规范化和高质量发展贡献力量。

从产品出口到服务配套，从本地化深耕到数字化转型，再到生态化布局，中国企业的海外服务不断升级、不断超越。这一过程中，不仅涌现出了一批具有国际竞争力的企业品牌，而且促进了全球服务行业的创新与发展。

4.2.3 同程商旅：从服务中国到服务世界

在中国，不仅是制造型企业出海浪潮汹涌，服务型企业出海也在奏响时代的强劲音符。

全球商旅市场在经历了新冠疫情的严峻考验后，逐步走出阴霾，迎来了强劲复苏的曙光。

《旅游经济学》(*Tourism Economics*)的报告预测，从2024年至2030年，全球商务旅行市场有望实现高达约50%的显著增长。

这一动态反映了中国企业在国际市场上的活跃度正在持续攀升，

也为商务旅行服务行业带来了前所未有的机遇。

中资企业出海热潮的兴起，为商旅市场注入了源源不断的活力。数据显示，约 60% 的出海企业积极增加国际差旅预算，派遣更多人员奔赴海外，以实际行动彰显其拓展国际业务版图的壮志雄心。

然而，面对复杂多变的外部环境，出海企业的商旅管理也面临着诸多挑战。预订流程混乱导致成本攀升、海外服务支持体系薄弱、跨境支付与结算复杂度高及差旅风险管控难度大等问题，正悄然成为制约企业海外扩张步伐的隐形绊脚石。在这一背景下，专业的商旅服务企业加速海外布局，成为企业出海的重要支撑。

作为中国专业商旅管理领域的先驱者，同程商旅早在 2020 年便进行了前瞻性布局，积极开展海外市场调研考察。基于对出海企业需求的深度洞察，同程商旅精准聚焦出海企业最为关注的降本增效、境外结算、属地服务、员工安全等核心需求，精心制定并实施了妥善的解决方案，为企业出海之旅保驾护航。

在降本增效方面，同程商旅充分发挥其强大的资源整合优势，与国内外众多供应商建立深度战略合作关系，构建起一套涵盖全球的优质出行资源网络，为企业在机票、酒店、用车等关键环节争取到极具竞争力的优惠条件。

境外结算便捷性对出海企业至关重要，同程商旅创新性地推出了对公结算免报销模式。这一变革性举措彻底简化了员工出差的报销流程，为员工节省了宝贵的时间和精力，使其能够专注于工作任务本身。同时，支持当地货币结算并开具当地结算清单的贴心服务，有效降低了企业在海外及周边地区开展业务过程中的货币兑换风险和财务成本。

中资企业的海外机构日趋庞大，本地招聘的员工数量众多，员工的属地化管理日渐复杂。通信行业某大型头部企业在印度尼西亚的分支机构已有近千名员工，很长一段时间以来，他们都面临着差旅管理的巨大挑战：员工的差旅预订缺乏统一的线上管理，员工需自行垫资，不仅预订过程烦琐，而且价格不透明，导致企业难以有效管控成本。同时，海外差旅费用的结算和审计流程不完善，也给企业的财务管理带来了风险。

同程商旅为该企业精心打造了一套全球商旅管理解决方案：通过聚合全球商旅资源、无缝对接企业管理系统、提供本土驻场服务等实现了员工一站式出行预订、全球无忧畅行、成本深度管控。个性化结算方案也帮助该企业解决了跨境结算难题，全面赋能其在印度尼西亚本土业务的提质提速扩张。

员工差旅安全保障无疑是出境差旅服务的重中之重，也是企业最希望服务商提供的支持。

在海外安全保障层面，同程商旅构建了全方位、多层次的安全防护体系。出行预警功能如同企业员工的"海外安全哨兵"，能够实时监测目的地的政治动态、自然灾害等各类信息，并及时向员工推送预警通知，助力员工提前做好应对准备。

定位服务犹如企业为员工配备的"安全导航仪"，随时掌握员工位置，确保在紧急情况下能够迅速响应救援。

同程商旅还建立了完善的异常事件应急处理机制，一旦发生突发事件，能够立即启动应急预案，为员工提供涵盖意外伤害、境外医疗、旅行阻碍、财物损失、证件遗失、签证拒签等多重紧急状况的全方位保障服务，让员工在海外出行时无后顾之忧。

对出行员工来说，长途跋涉的疲惫以及对当地风俗的陌生感，构成了境外出差的两大主要困扰。具体到资源层面，签证流程的烦琐复杂、国际航班中转的不便以及对当地用车情况的不熟悉等问题，不仅严重影响了员工的出差体验，也给企业的差旅管理工作增添了诸多难度。

为此，同程商旅秉持"以中国服务标准为基，融合当地文化特色"的先进理念，精心打造了"1+2+6"精细化分组服务体系。配备7×24小时金牌客服与专属客户经理，无论是日常的差旅预订咨询，还是遭遇突发紧急情况，都能确保企业得到及时、专业的响应和解决方案。专业国际顾问提供多语种接线服务，成功打破全球差旅沟通障碍，确保企业在世界各地的业务交流与拓展能够畅通无阻。

4.3　文化融合，构筑信任桥梁

20 世纪 70 年代，享有盛誉的英国历史学家汤因比与日本著名作家池田大作围绕"展望 21 世纪"的主题进行交流，当被问及未来哪一个国家与民族将站在世界的引领地位时，汤因比几乎不假思索地回答："中国。"

半个多世纪过去了，中华文化虽坐拥悠久历史、丰富的文化遗产，但在国际文化传播方面仍面临众多挑战，具体包括语言障碍、文化差异等。

由于汉字的复杂性和语法的不同，学习汉语这项任务太过艰深，使得不少国外的汉语言学习者望而却步。

中华文化在价值观、社会习惯、礼仪等方面与西方文化存在诸多不同之处。一些文化概念和传统在跨文化传播中可能会被误解或难以理解。

中国文化如何在全球破壁？最简单的答案就是扩大开放。

4.3.1　免签"朋友圈"和流量密码

中国正以更加开放的姿态拥抱世界，最直观的例证就是不断扩大的免签"朋友圈"。

新冠疫情之后的第一波"免签"开放始于 2023 年 12 月 1 日，中国率先对德国、法国、意大利、荷兰、西班牙和马来西亚的公民施行单方面免签政策。这些国家普通护照的持有者因商务、旅游、探亲访友或过境中国不超过 15 天，可免办签证入境。

2024 年 1 月 25 日，新加坡与中国在北京签署免签证协定，双方持普通护照人员可免签入境对方国家从事旅游、探亲、商务等私人事务，停留不超过 30 日。

2024 年 3 月 1 日起，中泰两国民众无须签证即可往返两国，至此，中国和东南亚黄金旅游线路上的"新马泰"三国均已实现全部相互免签。

2024 年 6 月 25 日，中国对新西兰、澳大利亚、波兰三个国家普通护照持有人试行免签入境政策。随后于 2024 年 11 月 22 日，中国进一步将免签政策扩展至保加利亚、罗马尼亚、日本等 9 个国家。这一系列举措使享受中国免签待遇的国家数量达到 38 个，标志着我国对外开放水平的显著提升和国际交往便利化程度的加深。

"免签时代"的积极效应正在不断显现。

免签政策的实施，不仅为外国游客提供了极大的便利，更成为中国向世界展示自身变化的重要契机。通过这一政策，越来越多的外国人得以亲身体验中国的快速发展。

越来越多的国际旅行者回到中国，中国不仅扩大了自己的"朋友圈"，更展现了一个开放、包容、自信的大国形象。

联合国世界旅游组织发布的《世界旅游业晴雨表》报告显示，2024 年前 7 个月来到中国的国际旅行者已经达到 2019 年同期的 92%。免签政策的落地极大地简化了国际旅行手续，降低了旅行成本，成为中国吸引外国游客的"流量密码"。

中国在签证政策上的持续优化，赢得了众多国家的积极响应，这进一步巩固了中国与相关国家的互利合作关系。例如，马来西亚采取了与中国相呼应的措施，为中国公民提供 30 天免签证入境的便利；瑞士方面表示，将为中国公民及前往瑞士投资的中国企业提供更为便捷的签证服务；爱尔兰亦表达了积极意愿，考虑为中国公民访问爱尔兰提供更多便利，并热情欢迎更多的中国企业赴爱投资与发展……这无疑为中国企业出海铺设了更加顺畅的道路。

4.3.2 "悟空"出圈，"哪吒"出海

2024 年 8 月 20 日，我国首款自主研发的 3A 游戏《黑神话：悟空》上线，首日总销售额超 15 亿元，销售超 450 万份，Steam 同时在线玩家超 220 万，在美国、新加坡、泰国、加拿大、巴西、意大利等 12 个国家"霸屏"……该游戏几乎瞬间引爆游戏界、资本市场和文旅圈，成为全球现象级作品。

出圈的是中国游戏，出海的是中国文化，"大圣"现象的背后，是中国传统文化"大胜"。

《黑神话：悟空》以中国古典名著《西游记》为背景，自带东方色彩，从精美恢弘的古代建筑到意境深远的国风配乐，从考究的服饰细节到丰富多彩的非物质文化遗产展示，中国传统文化元素贯穿于整个游戏之中。

对国人而言，《黑神话：悟空》是独属于中国人的浪漫——中国人心中的超级英雄"齐天大圣"，从神话故事走向了虚拟世界，唤醒了无数国人心底对英雄主义的向往和对传统文化的自豪；对外国人而言，《黑神话：悟空》则是一把打开中国文化大门的"钥匙"，他们得以窥见这个古老国度深厚的文化底蕴和丰富的想象力。在该游戏的影响下，不少海外玩家连夜研读《西游记》，他们甚至不再单纯地满足于游戏本身，还开始积极主动地探索游戏背后的中国民乐、中国壮丽景色及中国神话……

"悟空"文化的风靡，使中国传统文化在海外完成了一波实力"圈粉"。

文化之美，在于其源远流长的底蕴与推陈出新的活力相互交融。悟空，这一在中国家喻户晓的超级 IP，早已超越了其本身作为神话角色的范畴，成为中华文化的鲜明象征。

统计显示，全球范围内，《西游记》相关影视作品已累计播放数十亿频次，孙悟空的相关话题在社交媒体平台上的讨论热度始终居高不下，各式各样相关的衍生产品与二创作品不断涌现……这些无不展现了中国文化"出海"的强劲势头。

如今，孙悟空的英文译名已从传统的"Monkey King"转变为更为贴近原意的"Wu Kong"，妖怪也不再被简单地译为"Monster"，而是采用了更具文化特色的"Yaoguai"。这一细微却意义深远的转变，不仅是对中国语言文化独特性的尊重，更是中国文化自信不断提升的鲜明体现。

2019年，"魔童"哪吒横空出世，一句"我命由我不由天"点燃了大众对国产动画的热情。时隔5年，《哪吒之魔童闹海》（以下简称《哪吒2》）上映，在国内市场一路高歌猛进，登顶全球动画电影票房榜，进入全球票房榜前5名，创造全球单一电影市场最高票房纪录……在光影的极致追求中，这个中国传统文化中的形象又蝶变出了新的模样。

《哪吒2》始于中国，走向世界，从"闹海"到"出海"，踏上了国际化的新征程，在北美、东南亚、澳大利亚等数十个国家和地区掀起了观影热潮。它不仅刷新了中国动画电影的历史，更让世界看到，属于中国的文化符号，正以破茧成蝶的姿态成为全球文化不可缺少的一部分。

美国"互联网电影资料库"上的一句影评被全球多家媒体转载："它不仅展示了中国动画崛起后的强大实力，也展示了中国传统神话在现代语境中的无限可能性。"《哪吒2》既满足了人们对取材于中国传统故事的作品不断增长的需求，也激发了技术进步带来的民族自豪感。这个身披混天绫、脚踏风火轮的叛逆少年，在刷新了国产电影票房纪录的同时，更以现代视角重构了传统神话，成为跨文化传播的经典案例。

《黑神话：悟空》和《哪吒2》的文化现象让我们体会到，跨文化传播的"破圈密码"一方面是挖掘内容，善于从中华优秀传统文化中寻找与世界有共通性的话题、元素与认知交集，从满足文化想象到提升文化认同；另一方面是传递价值，遵循"吸引—理解—尊重—接受"的一般过程，在交流过程中有效减少误解和冲突，呈现和而不同、美美与共的中国智慧。

在知乎上有这样一个问题："是否大部分中国年轻人不爱传统文化？"其中一个回答令人印象深刻："年轻人不是不爱传统文化，他们只是不爱'以陈腐的方式宣传和表达的传统文化'。"

越来越多"古老"正在成为"新生"，文化软实力与现实生产力的转化路径不断拓宽。

从小说《三体》在各国的持续热销，到中国科幻电影《流浪地球》的全球风靡，到以网文、网剧、网游为代表的文化"新三样"刮起"最炫中国风"；从《黑神话：悟空》的火爆出圈到《哪吒2》登上全球舞台，中国文化正以更加多元和创新的方式走向世界。

"中式美学"在全球的吸引力正在不断增强。当东方美学邂逅现代科技，当传统文化融入新兴产业，当中国传统神话引发全球文化共鸣，我们看到"中国现象级IP剧目"在泰国、日本、美国等地热播；

中国网文作品被收录至大英图书馆的中文馆藏书目；中国游戏"刷屏"全网，为大家打开探索中国传统文化的大门，唤起全球玩家的情感共鸣，激发不同文明间的双向奔赴……

4.3.3　全球化的联想：当东方遇见西方

在全球文化商业环境迥异之下，中国企业出海，不可避免地会经历文化交融与碰撞的深刻历程。若缺乏对跨文化差异的认知，中国企业将难以深入洞悉他人的行为与思维方式，难以融入多样化的团队，更无法有效实施海外经营策略。

《中国企业出海发展研究白皮书》显示，30% 的大型企业在国际化进程中，以文化适应性策略作为关键一环。这些企业深入剖析目标市场的文化特质、核心价值观及消费行为习惯，据此对产品设计、营销策略和管理模式进行本土化改造，以确保更加贴合当地市场需求，从而在海外市场中稳健前行。

不知不觉中，优秀的中国出海企业客观上扮演了文化使者的角色。

作为中国 IT 产业的先行者，联想历经 40 载风雨兼程，乘着改革开放之风，从本土民营企业蜕变为全球企业舞台上的佼佼者。联想的全球化征程不仅实现了年营收翻 18 倍的增长奇迹，更构建了根植中国、辐射全球的均衡布局与强大韧性，被视为极具代表意义和研究价值的全球型企业。

2004 年，联想以一场震惊业界的"蛇吞象"并购案——收购价值100 亿美元的 IBM PC 业务，跨越式进军全球市场。然而，这场并购不仅是资产的整合，更是东西方文化碰撞与融合的考验。

联想与 IBM 虽在创新、客户至上、诚信等核心价值观上有所共鸣，但东西方文化背景的差异在执行细节、流程管理、考核体系等方面显露无遗。

当中国"婆婆"遇到"美国媳妇"，矛盾和冲撞可想而知：IBM的企业文化注重创新与领导力培养，而联想更注重执行与成本控制；联想原有的管理模式强调纪律和服从，而 IBM 员工习惯于更加自由、开放的工作环境；联想原有的文化讲究员工意见层层上传，IBM 则鼓励员工自由发声……凡此种种的文化差异导致联想在整合 IBM PC 业务时遇到了沟通障碍、员工士气低落及创新动力下降等问题。

联想高度重视企业文化融合的挑战，确立了"坦诚、尊重、妥协"的沟通三原则，并以此为基础，开启了一系列文化融合的创新实践，如通过"文化鸡尾酒活动"、案例讨论、网络平台献策等形式，促进了员工对双方行为差异的认知与理解；以"东方遇到西方"的内部培训为媒介，重塑企业文化，强调"说到做到、尽心尽力"的联想之道，旨在构建一个超越地域界限、让全球员工产生共鸣的企业文化。

联想将新公司的文化定位为一家真正意义上的全球化企业，既非纯粹的美国公司，也非纯粹的中国公司，而是融合了双方优势的全球化新联想。

联想承认并尊重文化差异，通过构建中西合璧、包容互信的"合金文化"，不仅促进了内部团队的紧密协作，也赢得了全球市场的广泛赞誉。这种文化的融合与创新，正是联想全球化取得成功不可或缺的关键之一，展现了其作为中国企业全球化领航者的智慧与远见。

文化与品牌的塑造，实质上都是中国企业及国民理念与行为的镜像反映。每一次跨越地理界限的业务拓展，都是中国企业推动文化交融、塑造国家国际形象的宝贵机会。联想的实践告诉我们，秉持开放包容的心态至关重要，企业走向国际市场，并非旨在征服全球，而是旨在融入并服务于世界。

4.3.4　正泰国际：欧洲"蓝海计划"

正泰集团的出海历程是中国企业开展跨文化经营、深入融入海外市场的又一经典案例。

正泰国际是正泰集团旗下负责海外业务的经营平台，下辖5大海外区域总部、30多家海外子公司、20多个国际物流中心和售后服务中心，在泰国、埃及、新加坡、越南、马来西亚、柬埔寨等地设有区域工厂，业务遍布140多个国家和地区。

自20世纪90年代开始，正泰国际的海外业务经历了播种、生根、发芽、成长四个阶段。

播种期：外贸探索（1991 年—1996 年）

彼时，正泰国际依托国内的外贸公司对外出口，产品以低压电器为主。这期间，业务高度依赖贸易企业，由于正泰国际的产品性价比高，主要出口到一些对价格敏感的发展中国家和地区，或者发达国家的一些中低端用户。

生根期：自营出口（1997 年—2008 年）

正泰国际取得国际贸易经营权后，此后的对外出口由自己主导。产品范围也从低压电器拓展到中、高压设备。与此同时，正泰国际开始走出国门，派出第一批队伍开拓海外市场，最先是覆盖非洲、东南亚和俄罗斯等地。无论是资金还是人力方面都很匮乏。

发芽期：本土化（2009 年—2020 年）

正泰国际的海外业务不断发展壮大，与此同时，过分依赖经销商和代理商获取订单的弊端也显现出来。受经销商意愿、能力、眼界、资源等的限制，很多重点市场的发展进入了平台期。为了走出发展瓶颈，正泰国际制定了阶梯式、渐进式的海外市场本土化战略。

2009 年，正泰国际开始在海外设立全资销售子公司，如俄罗斯、巴西、捷克子公司等，在当地聘用员工，增强企业对本土市场的掌控力。

2010 年，第一个通过并购而来的子公司——西班牙子公司成立。2017 年，正泰国际全资收购新加坡 Sunlight 公司。

在此阶段，正泰国际的目标不限于产品销售，而是开始建立本土化的工厂、物流中心和售后服务中心。业务模式也随之发生了变化，开始了从贸易向本土化经营的转型。

成长期：深耕（2020年至今）

随着正泰国际化程度的加深，新的挑战接踵而至。

首先，正泰国际海外业务领域在逐渐多元化，管理者需要考虑如何增强公司在业务价值链上的参与度和掌控力，以适应海外业务发展的新阶段。

其次，在数智化、绿色低碳转型的发展趋势下，整个电气行业的客户需求也发生了快速变化，新应用场景不断涌现，欧洲市场首当其冲。正泰国际以往凭借总部产品、总部研发和总部供应链的方式难以应对海外客户的需求变化。

再次，正泰国际面临中国出海企业遇到的典型挑战：如何在覆盖100多个国家和地区的业务版图中，构建从产品研发到供应链管理的敏捷体系，以有效满足多元化区域市场的差异化需求。

为应对这一挑战，正泰国际制订了"蓝海行动"，重点聚焦欧洲市场，通过与当地合作伙伴的深度协同，实现资源共享与价值共创。

以意大利市场为例，作为欧洲传统电气强国和技术准入门槛最高的市场之一，正泰国际早期通过经销商模式取得了初步成功，但逐渐陷入了业务模式单一、专业能力不足、市场拓展乏力及品牌建设滞后等发展瓶颈，这些问题反映了中国企业在全球化进程中从单纯贸易向深度本地化运营转型的必然趋势。

正泰国际的"蓝海行动"，其实质在于出让部分股权，吸引优质合作伙伴及骨干员工入股组成合资公司，建立命运共同体。充分调动合作伙伴和骨干员工的积极性，对最小业务单元进行充分授权，让"能听见炮火声的人"更多地参与关键决策，与合作伙伴、员工共同开发国际市场"新蓝海"，共享发展果实。

"蓝海行动"主要包括以下关键举措。

第一，要想做好事情，就要先解决"人"的问题，明确角色定位。意大利子公司搭建了一支由中方管理人员、本土高级职业经理人、当地合作伙伴代表组成的国际化管理团队，并配合搭建符合当地实情的股权激励机制，将公司发展与员工成长更紧密地凝聚在一起。

第二，改造升级营销渠道。正泰国际在意大利的总经销商虽然成熟度、忠诚度高，但人员老化偏向保守，发展进入了平台期。双方经过友好协商，由正泰国际对其部分股权进行收购，成立正泰意大利销售总公司，并鼓励管理层跟投，打造公司、员工与经销商命运共同体。

第三，直击痛点，深挖当地用户的需求。在欧洲能源危机的大背景下，意大利本土团队深度解读欧盟 RepowerEU 与意大利国家复兴计划政策，将意大利低碳业务方向定位在家庭用热效率提升、屋顶光伏，以及汽车充电桩三大方向。意大利本土团队通过调研意大利热泵制造商、安装商，清晰地认识到热泵制造商与安装商需要更智能的电气解决方案，以帮助他们降低热泵能耗。据此，意大利本土团队确定了以热泵汇流箱作为正泰国际的核心产品切入市场。

第四，调度当地供应链的配套能力快速交付。对于客户使用热泵电气化的新应用场景，正泰中国总部暂时缺少合适的热泵产品解决方案与部分元器件产品，但市场窗口稍纵即逝。意大利本土产品方案工程师团队一方面继续与客户沟通细化产品需求，快速形成产品解决方案，另一方面，对意大利本土供应链开展调研，找到适合的本地制造商，并达成 OEM 合作。最终，意大利本土团队通过产品解决方案 + 意大利本土供应链资源整合的方式快速响应了客户的产品需求。

意大利市场的探索经验，也为其他海外市场提供了可以参考和借鉴的蓝本。随后，正泰国际在 10 多个国家和地区实施"蓝海行动2.0"，将该模式复制到更多市场，波兰、土耳其、柬埔寨等国家子公司相继完成"蓝海行动"改制。

4.4 人才为本，汇聚全球智慧

全球化竞争，归根到底是人的竞争。企业要想发展全球化事业，建设世界一流企业，就必须有世界一流的人才作为支撑。

优秀的出海企业，无一例外，必定极为重视人才的培养和发展，优秀的海外业务人才也会给企业的全球化发展带来难以估量的回报。

4.4.1 吉利汽车：人才森林计划

吉利的全球化事业不断发展壮大，离不开李书福董事长提出的"吉利人才森林计划"。经过 20 年的经营与实践，吉利的"人才森林"已经郁郁葱葱，长势喜人。

李书福提出"人才森林"理论，为吉利构建了独特的人才发展体系。该体系采用双轮驱动策略：一方面，通过引进高端人才，打造"大樟树"人才梯队，为其提供优质的职业发展环境，确保高端人才在吉利扎根成长；另一方面，通过内部培养机制培育"小树苗"人才，形成以大带小、协同发展的人才生态，最终构建起层次分明、结构合理、充满活力的人才森林体系。

基于这一理念，吉利创新性地提出了 SEE（看见）人力资源战略模型。SEE 模型强调双向视角：对外，通过清晰的战略规划和企业文化吸引全球高端人才（即"大樟树"），展现吉利的平台价值；对内，通过完善的人才培养机制和激励机制激发内部人才（即"小树苗"）

的成长潜力。

SEE 模型由三大核心要素构成，即人才战略（Strategy）、人才赋能（Empowering）、人才体验（Experience）。

人才战略（Strategy）：要看见人才的"未来"。

吉利特别注重招聘和培养在全球化运营领域经验丰富的管理人员。吉利专门成立了全球招聘经营体，区域化、系统化建立全方位招聘渠道，在我国的北京、上海、杭州，以及瑞典、英国、德国等国家的人才聚集地设立了专项招聘组承接各业务单位的核心人才招聘工作，在中国、欧美、日本等地设立校园俱乐部，长期招募优秀的校园人才。

目前吉利集团的直管干部有数百人，其中一半左右是从外资企业或合资公司"聘请"过来的。

这些人大多具有全球化的视野，懂得全球化公司的运作规则，也极大地帮助了吉利实现全球化转型的战略目标。

人才赋能（Empowering）：要看见人才的价值。

从发现人才到批量培养人才，吉利有系统化的工程。

通过技能比武等方式，发现高潜人才；通过蓄能工程，建立储备人才库；通过激励工程、激活工程，激发人才成长动力；通过人才交付工程，加快人才梯队建设；通过全员培训工程，实现员工自我赋能。

在吉利，人才赋能就是人力资源部要为业务部门提供能量。业务部门需要什么，人力资源部就提供什么。

吉利搭建了管理、专业、技能、储备人才的完整的人才培养体系，实行训战结合，打通技能人才与专业人才和管理人才的晋升通道，让优秀的人才通过各种机制脱颖而出，能够被发展、被发现、被重用。很多重要的岗位都是内部招聘优先，给内生型人才一个最好的发展成长环境。

人才体验（Experience）：要看见人才的需求。

吉利在员工面试、入职、留用、轮岗、退休、离职等不同阶段，根据人才差异化的需求，建立了全职生命周期的关爱计划，提高员工的归属感和幸福感。

吉利通过打造服务体验，感知质量工程，执行战略人才地图计划、大数据透视项目等，增强员工在吉利的获得感、成就感。针对员工报到第一天应该得到怎样的感受，在岗期间怎么发展，退休或离职能接受哪些人力资源服务，吉利都有系统化的方案。

全球化业务的全面深入，就意味着吉利要大量引入各领域、不同文化背景的人才，那么全球化发展的过程必然遭遇全球资源整合和跨文化管理的巨大挑战，而且几乎没有先例可循。

整合不同历史和文化背景的人才，做好协同、融合，实现共赢共生的发展，不仅是吉利面临的挑战，也是所有全球化企业的必答题。

吉利的做法可供借鉴：一是基于业务战略，前瞻性地做好未来人才需求预测，尤其是做好关键人才队伍规划；二是加强业务协同，共建人才培养新模式，与各业务系统共同打造"人才森林"；三是强化雇主品牌建设，提升在行业内外人才市场的知名度与美誉度，汇聚全球优秀人才；四是加快全球文化融合，营造开放包容、协同奋斗（同路人＋奋斗者）的文化氛围，完善文化机制和体系，持续激发各类人才活力，提升团队向心力、凝聚力、战斗力。

在施行"走出去战略"之初，刚刚收购沃尔沃的时候，吉利就坚定地推行本土化管理，充分尊重沃尔沃的企业文化、管理团队和员工。这一战略性的决定为日后吉利和沃尔沃的合作与协同效应的发挥起到了至关重要的作用。

由于借鉴了沃尔沃的经验，吉利在最近的几次海外并购过程中，如收购美国飞行车公司太力，入股马来西亚汽车品牌宝腾，都在充分尊重创始人或管理团队和员工的基础上，利用吉利控股集团的优势，为这两家公司提供了新的人才血液和增长动力。

4.4.2　广西柳工：跨境培育本地化人才

2024 年 5 月，出海领航团队来到位于泰国曼谷市中心的正大集团管理学院开展参观交流。据正大管理学院介绍，包括上汽集团、广西柳工、福田汽车在内的中国出海企业已经和正大管理学院开展深度合作，共同培养本地化人才。

广西柳工和泰国正大管理学院的合作可以追溯到 2021 年。这一年，广西柳工、广西柳州职业技术学院（以下简称柳职院）与泰国正大管理学院联合创办的"柳工泰国客户体验中心"和"柳工泰国国际工匠学院"正式揭牌。

随后的半年内，广西柳工提供的教学设备全部投入并调试完成，柳工泰国客户体验中心和柳工泰国国际工匠学院全面落地，随后便承接了第一期柳工亚太地区经销商培训，来自泰国、越南和缅甸的经销商服务人员接受了为期三周的中级服务资质认证培训。

此后，面向泰国招生的柳工泰国国际工匠学院第一届泰国学生柳工班正式开班，学习优秀者将由柳工提供奖学金，赴柳工全球客户体验中心总部深造学习，并在柳工实习。

2022 年 8 月，在印度尼西亚驻华大使馆、印度尼西亚文教部的支持下，广西柳工、柳职院与印度尼西亚雅加达州立理工学院达成协议，共建"柳工印尼国际工匠学院"与"柳工全球客户体验中心印尼中心"。

三方合作协议约定，柳工印度尼西亚公司将负责投入专业教学设备，并为学生提供实习和就业机会；雅加达州立理工学院负责提供 1 000 平方米的场地、基础教学设施设备和优秀的师资；柳职院负责输出标准，与广西柳工合作开展教师与学生培训认证。

三方对标中国鲁班工坊建设标准，建设一个印度尼西亚一流的工程机械培训中心，合力解决印度尼西亚工程机械技术服务人才匮乏问题，为广西柳工及其他中国工程机械企业在印度尼西亚的发展助力。

在泰国、在印度尼西亚、在越南、在俄罗斯、在沙特阿拉伯，广西柳工牵手国内职业院校，创造校企协同出海模式，遴选优质海外院校，共建了一系列的柳工全球客户体验中心海外中心和柳工国际工匠学院。

这种模式为中国企业的海外业务经营和人才经营打开了全新的思路。

一方面，向广西柳工海外员工、经销商伙伴提供技术培训；另一方面，面向所在国开展国际学生定制培养，持续为广西柳工全球发展提供人才支持。校企协同出海，向东盟、"一带一路"国家全面输出工程机械技术标准、培训标准、职业教育标准，实现中国产品、中国职业教育国际影响力的全面提升。

广西柳工自 20 世纪初迈出了出海的第一步，经过 20 多年的国际化发展，已经在全球 140 多个国家和地区设立了 300 多家经销商，拥有 3 个海外生产基地和 5 个海外研发中心。

数十万台柳工设备在世界各地高效运转，需要成千上万名技术服务人员作为支撑。显然，仅靠传统的中国外派服务人员方式，无论在人员供给还是人员成本上都无法解决这些问题。

广西柳工以创新的思路，开创了海外人才本地化培养的新模式。

这种创新模式，不仅解决了广西柳工的售后服务人才供给问题，而且解决了当地人员就业的问题，真正融入了东道国本地社会，这才是全球化的真正含义。

4.4.3　超级船长：出海大时代呼唤更多的出海领航者

全球化的企业需要全球型的领导者，全球化的企业也造就了全球型的领导者。全球型人才中最宝贵的人才，无疑是企业的最高决策者，他们将决定企业在全球化的征途中到底能走多远。

全球型领导者需要完成三项主要任务：一是战略，二是人才，三是文化。

全球型领导拥有胸怀四海的战略观：超越本土视角，从全球发展的角度出发，在全球范围内合理配置资源，实现自身的宏大发展目标。

全球型领导拥有海纳百川的人才观：提供领导力发展、团队跨文化沟通和融合学习的机会，让企业拥有高素质的人才队伍，为企业的长期发展提供强有力的支持。

全球型领导拥有兼容并包的文化观：逐渐弥合不同文化之间的价值观差异，克服跨文化沟通障碍，高效激发团队潜能。

容易被人忽视的还有企业最高领导者的一项软技能——外语能

力。虽然没有直接的研究成果显示企业最高领导者的英语水平与企业国际化程度的关联度，但基于出海领航团队的长期观察，有一个外语水平过硬的企业最高领导者，对企业的国际业务发展意义重大。

第一，国际化的视野和思维方式。熟练掌握外语有利于企业最高领导者直接获取国际市场的一手信息，第一时间洞察国际市场的风云变幻，前瞻性地看到国际市场的变化趋势。

语言不仅是一种交流工具，更代表一种思维方式。企业最高领导者具备外语沟通能力，往往意味着他具有更加开阔的视野和思维方式，能够更好地统筹国内和国际两个市场，灵活运用国内和国外两种资源。

第二，与外部世界建立信任关系。与海外合作伙伴建立相互之间的信任关系是很难的，企业最高领导者之间的无障碍沟通对彼此建立信任关系至关重要。

如果企业最高领导者能够直接倾听海外客户的声音，不仅能让客户感受到尊重，还能够通过客户之声及时获悉企业运营中存在的问题。在海外投资、合资甚至海外并购这些重大项目中，如果企业最高领导者能够直接沟通，既能把握大局，又能体察细微之处，成功率会大大增加。

第三，营造良好的组织氛围。如果一家公司中能够讲英语的人很多，就能间接反映出这家公司对外部世界开放的程度。如果公司最高领导者都能够流利地使用外语交流，内部员工又如何能够不迎头赶上？

第四，吸纳国际化人才。现阶段中国企业对优秀外籍人才的吸引力还不够，在高端外籍人才的吸引、发展、保留方面，企业最高领导者能够起到业务部门、人力资源部无法企及的作用。如果外籍人才能够有机会定期与企业的最高领导者进行对话交流，会助力企业吸纳和保留高端人才。

第五，在国际舞台上树立品牌形象。最高领导者是企业最大的推销员和形象代言人。企业最高领导者如果外语水平过硬，可以在海外市场接受采访、参加论坛、发表演讲、正面发声，无疑会大大增加企业的品牌声量。

奇瑞汽车的董事长尹同跃、宁德时代的董事长曾毓群、广西柳工董事长曾光安就是为数不多的可以熟练掌握外语的中国企业家。

他们或者在国际展会上与海外合作伙伴直接沟通，在谈笑中敲定合作，或者在海外论坛上发表演讲，清晰描绘企业的发展蓝图，或者面对国际媒体采访时主动发声，扩大品牌声量。

出海大潮涌动，越来越多的中国企业家已经意识到了外语的重要性并快速行动起来。与出海领航合作的很多企业领导，虽然日常事务繁忙，但都会抽出宝贵时间学习外语。这些企业家们有足够的聪明才智，有足够的毅力坚持，还有越来越多的外语使用环境，只要下定决心，必当令人刮目相看，并提升组织的国际化能力。

站在新的历史关头，众多的优秀出海企业不断探索全球化人才培养体系，批量培育语言能力强、业务熟练、具备跨文化融合能力与全球视野的国际化人才，为企业未来的全球化发展提供坚实保障。

在出海领航提供过全球化人才服务的清单上，能够列出长长的一串：汽车产业链上的中国一汽、吉利汽车、奇瑞汽车、宁德时代、国轩高科等领军企业；新能源电力产业链上的中国电建、阳光电源、中车株洲所、晶澳太阳能、上海电气、正泰国际、威胜国际等优秀企业；工程机械领域的三一重工、徐工集团、中联重科、临工重机、山河智能、海翼集团等龙头企业；矿山领域的洛阳钼业、紫金矿业；体育用品领域的安踏集团……

一句话，越是优秀的企业，越注重国际化人才的培养。即使他们在国内市场上已经是当之无愧的行业领导者，但是当目光投向全球市场时，总会发现企业和人才的巨大进步与发展空间。

• • • •

展望中国企业出海之旅的下一个十年，既蕴含无限的机遇，也潜藏数不清的挑战。

向外看，世界商业版图遭遇逆全球化寒流；向内看，部分中国企业"内卷式"恶性竞争持续向外蔓延，中国企业的出海征程正面临前所未有的价值重构考验。

在近二十年的全球化实践和洞察中，我们发现那些真正实现突围的企业，早已突破商品输出的初级阶段，构建起"品牌、服务、文化、人力"四位一体的软实力生态系统。

第一，品牌。不是在懵懂中走向海外市场，而是善用市场调研、品牌塑造等专业方法，洞悉客户，拥抱客户，持续投资品牌建设，激发客户的热情，赢得客户的信赖；通过大数据驱动的市场洞察系统，构建精准的品牌价值坐标系，以场景化需求捕捉情感价值共鸣，将品牌势能转化为可持续的客户资产。

第二，服务。用价值共创机制取代价格厮杀，通过良好服务与客户共同创造长期价值，锻造口碑效应，赢得用户忠诚；搭建全生命周期的服务赋能平台，从交付产品到输出解决方案，从满足需求到创造需求，让每个服务触点都成为口碑传播的种子。

第三，文化。不是妄自尊大，试图"征服"海外本土文化，而是秉持敬畏之心，合法合规，深度融入本地社区，与当地合作伙伴搭建沟通桥梁，建立深度信任；以文化共情力突破文化壁垒——构建"全球本土化"的文化适配体系，既保持中华商业文明的独特基因，又通过社区参与、公益共创等在地化实践，培育跨文化的信任根系。

第四，人力。不是凭借一腔孤勇走向海外，而是尊重人，吸纳人，以人为本，成人达己，建立全球化人才生态网络。汇聚全球智慧，通过柔性组织架构实现跨文化团队的智慧共振。从属地化人才培育到全球领导力计划，让不同文明背景的智慧在创新"熔炉"中迸发更大的能量。

需要指出的是，"品牌、服务、文化、人力"这些软实力要素并非孤立的存在，而是声气相通、相互呼应、相互加持。这四大要素构成的软实力矩阵，正在重构中国出海企业的全球商业价值体系。

当品牌势能、服务创新、文化融合和人才聚合形成生态化协同，中国企业的全球化进程将实现从"规模扩张"到"价值沉淀"的质变。中国企业的出海之旅必将少一些内卷内耗，多一些向上生长，这不仅能够消解内卷化竞争的负面效应，更将催生新型全球化商业文明的萌芽——在中国与海外世界的交汇之处，以硬实力为桅，以软实力为帆，驶向更辽阔的星辰大海。

后　记

从 2017 年写作《柳工出海》，到 2020 年完成《出海·征途》，再到此刻完成"出海三部曲"终章，八载春秋里的三次深度叙事，恰似中国企业全球化进程的映射——从《柳工出海》记录的"单点突破"，到《出海·征途》构建的"系统能力"，再到《出海突围》探索的"生态重构"，中国企业的全球化之旅已然完成从跟随者到共建者的角色蜕变。

《柳工出海》以中国出海先驱者为样本，结合作者的 10 年海外实战经历，呈现了从国际贸易转型全球营销再到海外本地化运营的 20 年出海进化史，绘成了一家中国出海企业从蹒跚学步到健步如飞的完整图谱。

如今，柳工出海已经走过了"从 0 到 1""从 1 到 10""从 10 到 100"的多个里程碑，年度海外业务收入已经突破百亿元人民币，正在向"从 100 到 1000"的高目标挺进。这家朴实而优秀的企业的出海史，同步折射出中国产业力量的成长年轮。

《出海·征途》的写作源自我回归咨询顾问角色、创办北京出海领航国际管理顾问有限公司的出海"方法论"求索。此书以"出海领航战略屋"的十大要素为架构，结合本人多年的实战经历，尝试以"战略—组织—人才—文化"构建出海方法和体系，亦解析了华为、吉利、阿里巴巴、联想、小米、大疆、柳工、传音等优秀企业的出海最佳实践。

如今这部《出海突围》是"出海三部曲"的收官之作，我试图在更大的时空中寻找出海的坐标。现在的出海已不再是简单的空间位移，而是在世界秩序重构中重新定位价值。书中构建的"世界—产业—公司—能力"四维分析框架，既是对前两部作品写作视角的突破，也是对当下中国企业全球化本质的重新审视。

为了寻找精准的出海坐标系，2024 年，出海领航团队躬身入局，深入一线，行程数万千米，探访了全球八个重点市场。

从美国的西雅图到俄罗斯的莫斯科，从德国的慕尼黑到印度尼西亚的雅加达，从泰国的曼谷到澳大利亚的悉尼，从日本的东京到新加坡，都留下了出海领航团队的片片足迹。

诚挚感谢众多优秀的中国出海企业，为本书的写作提供了取之不竭的经典案例素材。

诚挚感谢出海领航长期陪伴的客户企业，给予我们极大的信任，对于本书的写作提供了巨大的精神力量。

诚挚感谢中国工信出版集团人民邮电出版社的编辑老师，他们的专业精神和敬业态度令人敬佩。

感谢身经百战的出海领航合伙人团队，他们对本书的构思和写作同样做出了极大的贡献。出海领航合伙人黄少青多年来深耕东南亚、印度、拉美等海外市场，对上述地区的市场情况有着深入的了解和研究，本书中的俄罗斯和墨西哥部分内容由黄少青完成。出海领航合伙人杜大弓曾经在中东、北非市场深耕近10年，本书中的沙特阿拉伯部分内容由杜大弓完成。

在"出海三部曲"收官之际，重新审视来路：《柳工出海》记录的是浪花与礁石的碰撞，《出海·征途》测量的是潮汐的规律，《出海突围》试图描绘的则是整个海洋生态的重构。或许再过十年，这些文字会成为丈量中国商业文明崛起的一组独特坐标。但在此刻，它们更像航行者留在海图上的墨迹——既是对来路的标注，亦是对深海的召唤。

最后，谨以三本书名连缀成句，致敬这个伟大的出海时代：当年"柳工"们率先破冰，"征途"渐成通途；而今"突围"者的足迹，正在书写全球商业文明的新章。

愿这些文字不仅是中国企业过往出海征程的注脚，更能成为它们照亮前路的星火——毕竟，在构建人类命运共同体的进程中，中国企业的突围故事才刚刚翻开序篇。

黄兆华

2025 年 3 月

参考文献

1. 苗圩. 换道赛车——新能源汽车的中国道路〔M〕. 北京：人民邮电出版社，2024.

2. 苗圩. 志在超车——智能网联汽车的中国方案〔M〕. 北京：人民邮电出版社，2025.

3. 秦朔，刘利平. 出海——联想全球化20年实战方法论〔M〕. 北京：中信出版社，2024.

4. 柳书琪，刘以秦. 21天走访墨西哥七城，中国工厂生存实录〔J〕. 财经，2024.

5. 马克·莱文森. 方宇译. 全球化简史〔M〕. 杭州：浙江文艺出版社，2022.

6. 中国光伏行业协会，刘家琦，酷玩实验室团队. 大国光伏——中国王牌制造业的突围与崛起（上、下）〔M〕. 北京：电子工业出版社，2024.

7. 北京出海领航国际管理顾问有限公司. 百家中国制造企业出海调查报告〔C〕. 2022-2025.

8. 谌园庭，冯峰. 北美自由贸易协定对墨西哥经济的影响〔J〕. 拉丁美洲研究，2005.

9. 洪朝伟，崔凡.《美墨加协定》对全球经贸格局的影响：北美区域价值链的视角〔J〕. 拉丁美洲研究，2019.

10. 克里斯·米勒. 蔡树军译. 芯片战争——世界最关键技术的争夺战〔M〕. 杭州：浙江人民出版社，2023.

11. 尤西·谢费. 毛大庆译. 全球新常态——疫情后商业与供应链的重塑〔M〕. 北京：机械工业出版社，2024.

12. 乔舒亚·库珀·雷默. 何帆译. 不可思议的年代——面对新世界必须具备的关键概念〔M〕. 长沙：湖南科学技术出版社，2010.